AF372401

Massachusetts Driver's

SIMULACIÓN DE EXÁMEN

Editora Felix

2023

Copyright © by DriveMA

Derechos de autor reservados
Este libro posee derechos de autor registrados. Cualquier copia no autorizada estará sujeta a castigos legales.

Edición electrónica: Willian Castro
Portada: Alexander Felix (de imágenes libres disponibles en Internet)
Revisión: Ana Carolina Cezimbra
Traducción: Tainá Gonçalves
Archivo introducido y corregido por la autora, con revisión final de la misma, autorizando la impresión de la obra.
Editor: Willian Castro
Contacto con el autor: suportedriverslicensema@gmail.com

Datos Internacionales de Catalogación en la Publicación (CIP)

M782m   DriveMA

Massachusetts Driver's: simulación de exámen / DriveMA, Juliana Borchardt. – Porto Alegre: Felix, 2023.

104 p. fotos.; 16 X 23 cm
1. Guía. 2. Conductores - Testes 3. Tránsito I. DriveMA. II. Título.

CDD 363.125

Bibliotecaria responsable: Janaina Ramos – CRB-8/9166

ISBN: 978-65-980043-2-3

Introducción

¡Felicitaciones por adquirir este libro de preparación para el examen teórico de conductor en Massachusetts! Aquí encontrarás 230 preguntas en español para prepararte con eficacia.

Estudiar y practicar son fundamentales para obtener buenos resultados en la prueba. Cerca del 70% de las personas que toman el examen por primera vez no son aprobadas, a menudo por falta de comprensión y preparación adecuada.

Este libro contiene preguntas que simulan situaciones reales del examen, abordando los principales temas requeridos. Practicar con estas cuestiones ayudará a fortalecer sus conocimientos y a desarrollar su razonamiento sobre las leyes de tránsito.

Prepárese con dedicación y esté más cerca de alcanzar su aprobación. ¡Estudie, practique y conquiste su licencia de conducir en Massachusetts!

1) Dos coches llegan a un cruce descontrolado más o menos al mismo tiempo. ¿Cuál de los siguientes es verdadero?

A) El coche B debe ceder porque está pasando directamente por el cruce.
B) El coche B debe ceder porque está a la derecha del coche A.
C) El coche A debe ceder porque está a la izquierda del coche B.
D) Ninguna de las opciones anteriores es verdadera.

Respuesta correcta: C)

2) En una intersección, una señal de alto acompañada de esta señal significa que:

A) Vehículos de las cuatro direcciones deben ceder.
B) Hay cuatro carriles de tráfico.
C) Los vehículos de las cuatro direcciones que se acercan al cruce deben detenerse.
D) Debes parar por cuatro segundos.

Respuesta correcta: C)

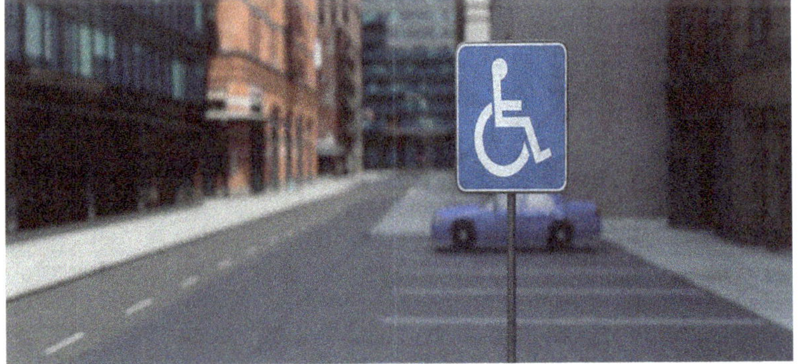

3) Esta señal representa:

A) El número de salida.
B) El número de la interestatal.
C) El límite de velocidad de la interestatal.
D) El número de millas hasta la próxima salida.

Respuesta correcta: B)

4) Esta señal indica que:

A) Un cruce de peatones.
B) Una zona de estacionamiento para discapacitados.
C) Disponibilidad de silla de ruedas.
D) Una zona de hospital.

Respuesta correcta: B)

5) ¿Qué indica esta imagen?

A) Una línea blanca rota que prohíbe el paso.
B) una situación de accidente debido a la distancia de seguimiento reducida.
C) Una línea blanca rota que permite el paso.
D) Un auto haciendo un giro en U.

Respuesta correcta: C)

6) Cuando las luces amarillas parpadean, todos los conductores que se acerquen a _________ deben obedecer el límite de velocidad de 20 mph.

A) Un cruce ferroviario
B) Una zona escolar
C) Una zona de construcción
D) Una vía rápida

Respuesta correcta: B)

7) Esta señal alerta a los conductores para:

A) Una zona de juegos.
B) Una parada de autobús escolar.
C) Cruce de peatones en un cruce.
D) Una zona de escuela.

Respuesta correcta: D)

8) Conducir en el carril izquierdo de una autopista con múltiples carriles está permitido cuando estás:

A) Adelantar a otro vehículo.
B) Para evitar una obstrucción.
C) Doblando a la izquierda.
D) Haciendo cualquiera de los elementos anteriores.

Respuesta correcta: D)

9) Estudios del *National Safety Council* y del *Insurance Institute for Highway Safety* muestran que una carreta totalmente cargada puede tardar __________ en comparación con un vehículo de paseo.

A) 50 pies más para parar
B) El triple de distancia para parar
C) El doble de distancia para parar
D) 100 pies más para parar

Respuesta correcta: C)

10) ¿Cuál es el período de validez de la licencia de conducir en Massachusetts para personas menores de 75 años?

A) 3 años
B) 5 años
C) 7 años
D) 10 años

Respuesta correcta: B) 5 años

11) ¿Cuál es la pena por conducir ebrio en Massachusetts por primera vez?

A) Multa y suspensión de la licencia de conducir
B) Solo advertencia verbal
C) Prisión por hasta 1 año
D) Sin penalización

Respuesta correcta: A) Multa y suspensión de la licencia de conducir

12) ¿Qué significa la placa octogonal roja con la palabra "STOP" en Massachusetts?

A) Pare
B) Sigue adelante
C) Atención
D) Ninguna de las opciones anteriores

Respuesta correcta: A) Alto

13) En Massachusetts, ¿cuál es el límite de velocidad en zonas residenciales?

A) 20 mph
B) 25 mph
C) 30 mph
D) 35 mph

Respuesta correcta: B) 25 mph

14) ¿Cuáles son las consecuencias de no ayudar a una persona herida en un accidente de tráfico en Massachusetts?

A) Multa y cárcel
B) Sólo multa
C) Solo suspensión del permiso de conducir
D) Ninguna consecuencia

Respuesta correcta: A) Multa y prisión

15) ¿Cuál es la edad mínima para solicitar un permiso de aprendiz en Massachusetts?

A) 14 años
B) 15 años
C) 16 años
D) 17 años

Respuesta correcta: C) 16 años

16) En Massachusetts, ¿cuál es la multa por estacionar sin permiso en una plaza reservada para discapacitados?

A) $50
B) $100
C) $200
D) $500

Respuesta correcta: C) $200

17) En Massachusetts, ¿cuál es la distancia mínima que se debe mantener al seguir una ambulancia con luces y sirenas encendidas?

A) 100 pies
B) 150 pies
C) 200 pies
D) 250 pies

Respuesta correcta: C) 200 pies

18) ¿Cuáles son los colores de las señales de tráfico en Massachusetts?

A) Rojo, amarillo y verde
B) Azul, blanco y negro
C) Rojo, blanco y azul
D) Rojo, amarillo y azul

Respuesta correcta: A) Rojo, amarillo y verde

19) ¿Cuál es el castigo por conducir ebrio por primera vez en Massachusetts?

A) Multa de hasta $500
B) Pena de hasta 6 meses de prisión
C) Suspensión de la licencia de conducir por 90 días
D) Todas las opciones anteriores

Respuesta correcta: D) Todas las opciones anteriores

20) ¿Cuál es la edad mínima para transportar a un niño en el asiento delantero de Massachusetts?

A) 5 años
B) 8 años
C) 10 años
D) 12 años

Respuesta correcta: D) 12 años

21) ¿Qué distancia mínima debe mantenerse de un vehículo de emergencia en Massachusetts?

A) 50 pies
B) 75 pies
C) 100 pies
D) 150 pies

Respuesta correcta: C) 100 pies

22) ¿Cuándo es obligatorio el uso de faros durante el día en Massachusetts?

A) Durante todo el año
B) Solo en invierno
C) Solo en días lluviosos
D) Nunca es obligatorio

Respuesta correcta: A) Durante todo el año

23) En una rotonda, ¿quién tiene el derecho de paso?

A) Los vehículos que ya están en la rotonda
B) Los vehículos que están entrando en la rotonda
C) Los vehículos que salen de la rotonda
D) Todos los vehículos tienen el mismo derecho

Respuesta correcta: A) Los vehículos que ya están en la rotonda

24) ¿Cuál es la multa por usar un teléfono celular mientras conduce en Massachusetts?

A) $50
B) $100
C) $200
D) $500

Respuesta correcta: C) $200

25) ¿Cuál es el límite de velocidad en una autopista en Massachusetts?

A) 50 mph
B) 55 mph
C) 65 mph
D) 70 mph

Respuesta correcta: C) 65 mph

26) ¿Qué vehículos deben detenerse en un cruce de ferrocarril en Massachusetts?

A) Solo autobuses escolares
B) Solo vehículos comerciales
C) Todos los vehículos, excepto las bicicletas
D) Todos los vehículos, independientemente del tipo

Respuesta correcta: D) Todos los vehículos, independientemente del tipo

27) ¿Cuál es la multa por estacionar sin permiso en una plaza reservada para discapacitados en Massachusetts?

A) $50
B) $100
C) $200
D) $500

Respuesta correcta: C) $200

28) En Massachusetts, ¿cuál es la distancia mínima que se debe mantener al adelantar una bicicleta?

A) 1 pie
B) 3 pies
C) 5 pies
D) 10 pies

Respuesta correcta: B) 3 pies

29) ¿Cuál es la multa por no parar en una parada en Massachusetts?

A) $50
B) $100
C) $200
D) $500

Respuesta correcta: C) $200

30) En Massachusetts, ¿cuál es la edad mínima para llevar a un bebé en un asiento de coche orientado hacia atrás?

A) 6 meses

B) 12 meses

C) 18 meses

D) 2 años

Respuesta correcta: A) 6 meses

31) ¿Qué significa esa señal?

A) Un equipo de trabajo en la carretera.

B) Una zona de hospital.

C) Un cruce de peatones para peatones ciegos.

D) Una persona de señalización (baliza) en una zona
   de trabajo.

Respuesta correcta: A). Esta es una señal de zona de trabajo, que indica que las actividades de construcción o mantenimiento de la carretera están en marcha. Debe disminuir la velocidad, tener cuidado y, si es posible, cambiar de carril para mantener la distancia de los trabajadores.

32) Si te estás acercando a un autobús escolar o a un vehículo de transporte escolar con luces intermitentes y una señal de parada extendida, debes:

A) Cambiar de carril inmediatamente.

B) Desacelerar y proceder con precaución.

C) Adelantar el vehículo a alta velocidad.

D) Parar hasta que las luces de advertencia dejen de parpadear.

Respuesta correcta: D). Cuando se acerca a un autobús escolar o a un vehículo de transporte escolar con luces parpadeantes y una señal de parada extendida, debe detener el vehículo hasta que las luces de advertencia dejen de parpadear. Esto es cierto independientemente del lado de la carretera en el que se encuentre el autobús escolar o el vehículo de transporte escolar.

33) Si usted está en una carretera de una o dos pistas y llegar a un cruce con una carretera dividida o una carretera con tres o más pistas, usted debe:

A) Parar y girar a la derecha para entrar en el tráfico.

B) Gire a la izquierda para entrar en el tráfico.

C) Ceder el derecho de paso a otro tráfico.

D) No hacer ninguna de las opciones anteriores.

Respuesta correcta: C). Cuando se encuentre en una carretera de una o dos pistas y llegue a un cruce con una carretera dividida o con una carretera de tres o más carriles, debe ceder el derecho de paso al tráfico en la vía principal o en la vía principal.

34) Al conducir por la noche, debe utilizar los faros:

A) Desde una hora después del atardecer hasta una hora antes del amanecer.

B) Desde media hora después del atardecer hasta media hora antes del amanecer.

C) Desde una hora después del atardecer hasta media hora antes del amanecer.

D) Desde media hora después del atardecer hasta una hora antes del amanecer.

Respuesta correcta: B). La ley requiere que uses los faros media hora después de la puesta del sol hasta media hora antes del amanecer.

35) Si su vehículo se detuvo en las vías del ferrocarril y usted sabe que un tren se acerca, usted debe...

A) Cambiar a punto muerto y tratar de empujar el vehículo fuera de las vías del tren.

B) Seguir tratando de encender el motor. A continuación, conducir su vehículo fuera de las vías del tren.

C) Baja tu ventana y abre las puertas.

D) Salir con todos los pasajeros del vehículo y permanecer lo más lejos posible de las vías del tren.

Respuesta correcta: D). Puede tomar más de una milla para que un tren que viaja a 50 mph se detenga por completo. Y, si su vehículo es atropellado por un tren, la probabilidad de muerte o lesiones graves es 40 veces mayor que si su vehículo es atropellado por un coche. Por lo tanto, si su vehículo se detuvo en las vías del ferrocarril y usted sabe que un tren se acerca, usted y sus pasajeros deben salir del vehículo inmediatamente. Luego camina en un ángulo de 45 grados en la dirección de donde viene el tren. De esta manera, si el tren golpea su vehículo, los restos y metralla de la colisión no podrán alcanzarlo.

36) Para reducir los efectos del brillo de los faros que se acercan, no mire directamente a los faros. En su lugar:

A) Mira al otro lado de tu carril de tráfico.

B) Mira hacia la parte inferior derecha de tu carril.

C) Mira la parte inferior izquierda de tu carril de tráfico.

D) Mira hacia el frente.

Respuesta correcta: B). Para reducir los efectos del brillo de los faros de los vehículos que se aproximan, no mire directamente a los faros. En su lugar, busque la parte inferior derecha de su carril de tráfico.

37) Esta señal es la siguiente:

A) Una señal de intersección de autopista.
B) Una señal de distancia de destino.
C) Una señal de destino.
D) Una señal de salida de la autopista.

Respuesta correcta: A). Esta señal es una señal de intersección de la autopista. Esta señal indica que se está acercando a un trébol.

38) ¿Cuál es la distancia total de parada a una velocidad de 60 mph?

A) 392 pies
B) 192 pies
C) 104 pies
D) 292 pies

Respuesta correcta: D). Si viaja a 60 mph, tomará en promedio 292 pies (casi la longitud de un campo de fútbol) para reaccionar a un peligro, pisar el freno y detenerse con seguridad. Es por eso que debe utilizar los faros altos por la noche siempre que sea posible. Sus faros bajos le permiten ver solo unos 30 metros por delante.

39) Al entrar en una intersección no controlada, usted debe __________ **y continuar si el camino está libre.**

A) Usar señales de mano

B) Reducir la velocidad, mirar a la izquierda, a la derecha y el tráfico que se aproxima

C) Aumentar su velocidad

D) No reducir su velocidad

Respuesta correcta: B). En una intersección no controlada, debe disminuir la velocidad, mirar hacia la izquierda y hacia la derecha para el tráfico que se aproxima y continuar si el camino está libre.

40) En carreteras con dos o más carriles en su dirección, debe utilizar el carril derecho a menos que:

A) Estás sobrepasando a otro vehículo.

B) El carril derecho está bloqueado.

C) Estás girando a la izquierda.

D) Cualquiera de las opciones anteriores es cierto.

Respuesta correcta: D)

41) En la autopista, si pierdes la salida, no pares ni des marcha atrás. En cambio:

A) Detén otros vehículos en la carretera y pide ayuda.

B) Proceda a la siguiente salida.

C) Detente en el lado izquierdo de la carretera y busca ayuda.

D) Pare en el lado derecho de la carretera y busque ayuda.

Respuesta correcta: B). En la carretera, si pierde la salida, no pare ni dé marcha atrás. Si lo hace, aumentará el riesgo de ser atropellado por otro vehículo. En su lugar, salga de la autopista en la próxima salida y encuentre una manera de volver.

42) Al ver un cartel de preferencia al entrar en un camino, usted debe __________ en el tablero.

A) Cambiar de carril

B) No continuar más

C) Desacelerar y estar preparado para parar

D) Continuar a velocidad normal

Respuesta correcta: C). Cuando veas una señal de rendimiento, reduce la velocidad y prepárate para detenerte. Deje que los vehículos, ciclistas y peatones pasen antes de continuar. Debe detenerse completamente si las condiciones de tráfico lo requieren.

43) En condiciones normales, ¿a qué distancia los faros altos y bajos le permiten ver?

A) 350 pies y 200 pies, respectivamente

B) 250 pies y 100 pies, respectivamente

C) 500 pies y 120 pies, respectivamente

D) 350 pies y 100 pies, respectivamente

Respuesta correcta: D). En condiciones normales, los faros altos le permiten ver unos 350 pies por delante y los faros bajos le permiten ver solo unos 100 pies por delante. Es por eso que es importante usar faros altos por la noche cuando sea posible. A 65 mph, su vehículo recorrerá 100 pies en solo un segundo.

44) Estás en el punto ciego de un camión si:

A) No puedo ver los espejos laterales del camión.

B) No puedo ver al conductor del camión.

C) No puedo ver las luces del camión.

D) No puedo ver las luces traseras del camión.

Respuesta correcta: A). Si no puede ver los espejos laterales de un camión, está utilizando la tailgating. (Distancia mínima de seguridad: si no puede ver los retrovisores del camión, el conductor del camión no podrá verlo.) El uso no autorizado es peligroso. Si sigue un vehículo muy de cerca, perderá la almohadilla de seguridad necesaria si el vehículo se detiene.

45) En una carretera con varios carriles en una dirección, debe usar _________ para adelantar.

A) La pista más a la derecha

B) Las pistas del centro o de la izquierda

C) Cualquier pista

D) El carril del medio

Respuesta correcta: B). En una carretera con varios carriles en una dirección, debe usar los carriles del centro o de la izquierda para adelantar.

46) Este signo indica que:

A) Los vehículos no pueden entrar en la vía.

B) Los vehículos están autorizados a viajar en una dirección.

C) Los vehículos se detendrán en la intersección de delante.

D) Los vehículos deben ir solo en línea recta o derecha.

Respuesta correcta: C). Esta señal indica que hay una señal de parada adelante. Una señal de parada significa que debe detenerse completamente antes de la línea de parada o del paso de peatones.

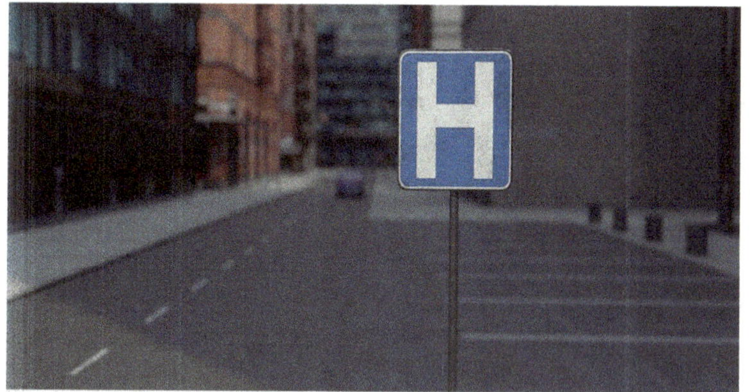

47) ¿Qué significa esa señal?

A) Un carril de vehículos de alta ocupación (HOV)

B) Aparcamiento para personas con discapacidad

C) Un helipuerto

D) Un hospital

Respuesta correcta: D). Esta es una señal de servicio. La letra "H" representa un servicio hospitalario.

48) ¿Qué significan esas flechas dobles?

A) La carretera dividida termina.

B) Comienza la carretera dividida.

C) Tráfico de doble mano adelante.

D) El tráfico puede fluir en ambos lados.

Respuesta correcta: D). Esta señal significa que el tráfico en la carretera puede fluir a ambos lados de la señal.

49) Si una señal o señal requiere que se detenga, debe detener:

A) 15 pies después de pasar las líneas de parada y las líneas de paso de peatones.

B) Entre las líneas de parada y las líneas de peatones.

C) 20 pies después de pasar las líneas de parada y las líneas de paso de peatones.

D) Detrás de las líneas de parada y de las pasarelas.

Respuesta correcta: D). Si una señal o señal requiere que se detenga, debe detenerse detrás de la línea de interrupción. Si no hay línea de parada, debe detenerse antes del cruce de peatones.

50) ¿Qué significa esa señal?

A) Hay una zona de aparcamiento cerca del cartel.

B) Hay un camino de un solo sentido adelante.

C) Hay un cruce circular adelante.

D) Hay una zona de aparcamiento residencial enfrente.

Respuesta correcta: C). Esta señal significa que una intersección circular (como una rotonda) está delante. En una rotonda, todo el tráfico se mueve en sentido antihorario alrededor de una isla central.

51) Este signo representa la disponibilidad de:

A) Alojamiento.

B) Teléfonos.

C) Comida.

D) Una estación de combustible.

Respuesta correcta: C). Este es un signo de guía. Este signo indica la disponibilidad de alimentos.

52) Al conducir detrás de otro vehículo, debe usar _________ para mantener una distancia segura del vehículo por delante.

A) La regla de los cinco segundos
B) La regla de los siete segundos
C) La regla de los tres segundos
D) La regla de los diez segundos

Respuesta correcta: C). Al conducir detrás de otro vehículo en condiciones ideales, debe utilizar la regla de los tres segundos para mantener una distancia segura del vehículo delante de usted: elija un objeto delante de usted, como un poste de señalización o un árbol, cuando el vehículo delante de usted llegue a ese objeto, cuente "un mil, dos mil, tres mil..."; si usted alcanza el objeto antes de contar tres, usted está muy cerca, por lo tanto, reduzca la velocidad hasta colocar distancia suficiente entre usted y el vehículo delante de usted. Con mal tiempo o tráfico intenso, aumente aún más la distancia de seguimiento.

53) Esta señal significa que:

A) Todo el tráfico debe moverse en la dirección de la flecha.
B) Todos los vehículos deben detenerse para girar a la derecha.
C) Todo el tráfico se debe conducir solo en el lado izquierdo.
D) El carril delantero está reservado para que los camiones giren a la derecha.

Respuesta correcta: A). Esta señal de una sola mano indica que el tráfico en esta carretera solo debe moverse en la dirección de la flecha.

54) Al conducir cerca de un vehículo grande, esté atento al _________ del conductor a la derecha, a la izquierda, al frente y atrás.

A) Puntos ciegos

B) Zonas prohibidas

C) Ni A ni B

D) Ambos, A y B

Respuesta correcta: D). Grandes vehículos comerciales, como camiones, tienen enormes puntos ciegos, llamados No-Zones, donde un coche puede desaparecer completamente de la vista del conductor. Hay zonas prohibidas en la parte delantera, trasera y lateral de un vehículo grande. Es imposible evitar por completo los puntos ciegos de un vehículo grande. Por lo tanto, no siga detrás de un autobús o camión y no permanezca en una zona prohibida por más tiempo del necesario para superar con seguridad un camión pesado.

55) Al conducir, si tiene un neumático pinchado o reventado, debe:

A) Pon el pie en el acelerador.

B) Girar el volante en la dirección opuesta del derrape.

C) Mantener la conducción con un agarre firme en el volante y utilizar el freno para disminuir la velocidad.

D) Manténgase a distancia de la vía.

Respuesta correcta: C). Durante la conducción, si tiene un neumático pinchado o reventado, no se bloquee. Mantenga un agarre firme en el volante y quite el pie del pedal del acelerador para que el vehículo disminuya la velocidad.

56) ¿Qué ocurre si un conductor menor de 21 años va a juicio tras ser acusado de conducir bajo los efectos del alcohol?

A) No tiene derecho a impugnar las citaciones.

B) Si es la tercera infracción, podría saltarse la suspensión de 180 días.

C) Estará obligado a tomar el curso de educación sobre alcohol, incluso si gana el caso.

D) Si gana el caso, no estará obligado a tomar el curso de educación sobre alcohol.

Respuesta correcta: C). La suspensión adicional de 180 días o un año para conductores menores de 21 años fue creada para hacer que los jóvenes acusados de operar bajo la influencia de alcohol, o de tener un BAC de 0,02 o superior, se sometan a la educación sobre alcohol, No importa lo que pase con el proceso judicial. Incluso si gana el caso, no cambiará la exigencia de hacer el curso de educación sobre alcohol.

57) ¿Qué significa esa señal?

A) Hay un área de cruce de tráfico delante; parada antes de fusionarse.
B) Hay un camino de un solo sentido adelante; siga con cuidado.
C) Hay una rotonda adelante; prepárate para ceder al tráfico.
D) Se permite una inversión de marcha; va despacio.

Respuesta correcta: C). Esta señal significa que hay una rotonda (intersección circular) delante. Reduzca la velocidad y prepárese para ceder al tráfico en la rotonda.

58) Usted NO debe sobrepasar:

A) Un autobús escolar delante con luces rojas parpadeantes y un brazo de parada extendido.
B) Si hay una línea amarilla sólida cerca de su carril.
C) Si hay una subida cercana o una curva donde no hay visibilidad clara.
D) En cualquiera de las situaciones anteriores.

Respuesta correcta: D). Una línea amarilla sólida indica una zona sin paso. No se te permite adelantar si hay una línea amarilla continua cerca de tu pista. También es ilegal adelantar a un autobús escolar con luces rojas parpadeantes y un brazo de parada extendido. Además, no se sobrepase al acercarse a una colina o curva donde no hay visibilidad.

59) Al entrar o salir de una rotonda, siempre debe:

A) Aumentar la velocidad.
B) Mantenga a la derecha.
C) Cambiar de carril.
D) Mantener a la izquierda.

Respuesta correcta: B). Al entrar en una rotonda, debe mantenerse a la derecha de la isla central. No pare si el camino está libre. Nunca pase o pase por otro vehículo después de entrar en una rotonda de un solo carril. Viaje en sentido antihorario alrededor del círculo hasta llegar a la calle deseada. A continuación, gire a la derecha y salga de la rotonda.

60) Los apoyacabezas deberán ajustarse de modo que entre en contacto con la parte posterior de la cabeza. Esto impide:

A) Lesiones en el cuello si te golpean por detrás.
B) Lesiones corporales en un choque frontal.
C) Ajuste del cinturón de seguridad durante accidentes.
D) Accidentes por detrás.

Respuesta correcta: A)

61) Si las ruedas traseras empiezan a derrapar, debes:

A) Gire el volante a la derecha.
B) Girar el volante en la dirección del derrape.
C) Gire el volante a la izquierda.
D) Girar el volante en la dirección opuesta del derrape.

Respuesta correcta: B). Si las ruedas traseras empiezan a derrapar, gire el volante en la misma dirección que las ruedas traseras. Si las ruedas traseras se deslizan hacia la izquierda, gire a la izquierda. Si se deslizan hacia la derecha, gire a la derecha.

62) ¿Qué indica esa señal?

A) La carretera dividida termina aquí.
B) El tráfico fluye en ambos sentidos.
C) El tráfico puede fluir a ambos lados de la señal.
D) La carretera dividida comienza aquí.

Respuesta correcta: D). Esta señal indica que el camino por delante está dividido por un parterre central o tabique. Usted debe mantener a la derecha.

63) ¿Qué indica esa señal?

A) Mira hacia adelante al conducir.
B) Detente delante de la señal.
C) Una calle de un solo sentido.
D) Sólo ve y hazlo.

Respuesta correcta: D). Esta señal indica que todos los vehículos deben seguir adelante. No se permite retorno en esta pista.

64) Mientras conduce, si necesita leer un mapa o instrucciones, debe:

A) Echar un vistazo rápido mientras conduce y seguir adelante.
B) Reduzca la velocidad para leer el mapa.
C) Aparcar a un lado de la carretera en un lugar seguro para leer el mapa.
D) Detener el vehículo en la carretera y leer el mapa.

Respuesta correcta: C). Si necesitas leer un mapa o instrucciones, te encontrarás en un lugar seguro. Quédate quieto hasta que estés listo para dedicar toda tu atención a la dirección.

65) Cuando cambies de carril, para asegurarte de que no haya otros vehículos en __________, mira por encima del hombro en la dirección que planeas seguir.

A) Puntos ciegos
B) Zonas francas
C) Zonas de hombro
D) Zonas prohibidas

Respuesta correcta: A). Al cambiar de carril, mire por encima del hombro en la dirección que planea seguir para asegurarse de que no hay otros vehículos en sus puntos ciegos. No puedes ver estas áreas en tus espejos.

66) Si un conductor detrás de usted parpadea repetidamente los faros, usted debe:

A) encienda los faros bajos.
B) encienda los faros altos.
C) apártese.
D) aumentar su velocidad y seguir adelante.

Respuesta correcta: C). Conducción agresiva es la conducción de un vehículo de motor de una manera que ponga en peligro o pueda poner en peligro a personas o bienes. Si el conductor detrás de usted parpadea repetidamente los faros, no reaccione o involucre al conductor de ninguna manera. En su lugar, salga del camino.

67) El deslizamiento de la rueda bloqueada generalmente es causado por

A) presionando los pedales del acelerador y del freno al mismo tiempo.
B) las ruedas motrices pierden tracción con la superficie de la carretera.
C) el encendido girando a la posición de frenado mientras el vehículo sigue en movimiento.
D) frenado muy fuerte a alta velocidad.

Respuesta correcta: D). Si frena fuerte a alta velocidad, la fuerza de los frenos puede exceder la fuerza de fricción de los neumáticos en la superficie de la carretera. Las ruedas se frenarán y el vehículo derrapará, no importa hacia qué lado se gire el volante. Quite el pie del freno para desbloquear las ruedas. A continuación, enderece las ruedas delanteras a medida que el vehículo comienza a enderezarse. Reduzca gradualmente la velocidad del vehículo hasta que alcance una velocidad segura para seguir conduciendo.

68) Las áreas de peligro alrededor de su vehículo donde las colisiones son más probables de ocurrir se llaman

A) Puntos ciegos.
B) Manchas redondas.
C) Zonas sin paso.
D) Asientos vacíos.

Respuesta correcta: A). Los puntos ciegos son áreas cercanas a las esquinas traseras izquierda y derecha del vehículo que no se ven en los retrovisores. Antes de cambiar de carril o adelantar, gire la cabeza y verifique que estas áreas estén libres.

69) Si una bicicleta a su derecha llega a un cruce al mismo tiempo que usted, usted debe:

A) Proceder porque usted tiene el derecho de paso.
B) Ceder a la bicicleta.
C) Moverse lentamente junto con la bicicleta.
D) Pedirle al ciclista que cambie de carril.

Respuesta correcta: B). Al adelantar una bicicleta cerca de un cruce o de una entrada de automóviles donde usted desea girar a la derecha, la curva no es permitida a menos que usted esté a una distancia segura del ciclista y pueda hacer la curva a una velocidad razonable y adecuada. La ley de MA define una distancia segura como una distancia de al menos 3 pies más 1 pie por cada 10 mph por encima de 30 mph. Si choca con la bicicleta, el hecho de que la bicicleta esté a la derecha del tráfico no será considerado excusa suficiente. (Ver MA Gen L cap 90 § 14.)

70) Nunca conduzcas al lado de una motocicleta en la misma pista porque:

A) Los motociclistas no tienen que seguir las reglas de tráfico.
B) Las motocicletas no tienen luces de señalización.
C) El motociclista puede engañarlo.
D) Una motocicleta necesita todo el ancho de la pista.

Respuesta correcta: D). Los motociclistas necesitan un ancho completo, así como otros vehículos. Nunca conduzcas al lado de una motocicleta en el mismo carril, incluso si el carril es ancho y el motociclista está caminando hacia un lado. En Massachusetts, un motociclista tiene el derecho legal de usar toda la anchura de una pista.

71) Si llega a una escena de accidente en la que no hay policía o vehículos de emergencia, debe:

A) Mover a la gente herida.
B) Notificar a su compañía de seguros.
C) Aparcar el coche fuera de la carretera y encender el intermitente.
D) Detener o disminuir la velocidad para "paseo".

Respuesta correcta: C). Si usted es una de las primeras personas en llegar al lugar de una colisión, lo primero que debe hacer es sacar el vehículo de la carretera. A continuación, compruebe si alguien está herido. No mueva a las personas heridas a menos que haya peligro de incendio o explosión. Notifique a los empleados de emergencia y no permanezca en los carriles de tráfico. Si hay bengalas, triángulos de emergencia o reflectores disponibles, colóquelos a 200 pies o más delante y detrás de la escena del accidente para alertar al tráfico que se aproxima.

72) En las autopistas interestatales, los vehículos más lentos deben transitar __________, excepto en los adelantamientos.

A) En el carril izquierdo
B) En el carril derecho
C) En el carril central
D) En la faja del hombro

Respuesta correcta: B). En las autopistas interestatales, los vehículos más lentos deben transitar por el carril derecho, excepto en los adelantamientos.

73) El paso no está permitido a ningún lado de una carretera cuando:

A) Un lado tiene una línea amarilla rota.
B) Ambos lados tienen líneas amarillas sólidas.
C) Ambos lados tienen líneas amarillas rotas.
D) Cualquiera de las opciones anteriores es cierto.

Respuesta correcta: B). Una doble línea amarilla significa que los vehículos en ambas direcciones tienen prohibido pasar.

74) En Massachusetts, es contra la ley girar a la izquierda en un semáforo en rojo, EXCEPTO al girar:

A) De una calle de un solo sentido a una calle de doble sentido.
B) De una calle de doble sentido a una calle de sentido único.
C) De una calle de un solo sentido a otra calle de un solo sentido.
D) De una calle de doble mano a otra de doble mano.

Respuesta correcta: C). En Massachusetts, puede girar a la izquierda en un semáforo en rojo solo si está girando de una calle en una sola dirección a otra de una sola calle. (Nota: Las leyes sobre conversión de izquierda a roja son diferentes en algunos otros estados. Algunos estados también permiten conversiones a la izquierda en el rojo de una calle de doble mano para una calle de una sola mano. Algunos otros estados prohíben totalmente la conversión a la izquierda en rojo. Al viajar fuera del estado, siempre verifique las leyes de tránsito locales.)

75) ¿Cuál de las siguientes afirmaciones sobre hacer curvas es verdadera?

A) Comienza desde la pista más alejada de donde quieres ir.
B) Comienza en la pista más cercana a donde quieres ir.
C) Siempre empieza por el carril derecho.
D) Siempre empieza por el carril de la izquierda.

Respuesta correcta: B). Comienza en la pista más cercana a donde quieres ir. Si gira a la izquierda, tire hacia el punto medio en la intersección y espere con las ruedas rectas hasta que esté libre para girar. Manténgase a la izquierda del punto medio al girar. Si está girando a la derecha, comience por la banda de la derecha, manteniéndose lo más cerca posible de la acera.

76) Al ver una señal amarilla parpadeante en un cruce, debe:

A) Quédate quieto hasta que el semáforo esté en verde.
B) Reducir la velocidad y cruzar el cruce con cuidado.
C) Aumentar la velocidad y correr por el cruce.
D) Parar y entrar en el cruce solo cuando sea seguro.

Respuesta correcta: B). Una señal amarilla intermitente significa que puede proceder con precaución.

77) Si te acercas a un peatón caminando con un bastón blanco o blanco con punta roja que está a punto de cruzar la calle, debes:

A) Parar.
B) Tomar un desvío.
C) Tocar la bocina.
D) Ir despacio.

Respuesta correcta: A). Un peatón caminando con un bastón blanco o blanco con punta roja es probablemente deficiente visual o ciego. Debe detenerse y permanecer quieto hasta que el peatón con discapacidad visual cruce la vía con seguridad.

78) Esta señal de regulación indica que:

A) Los ciclistas no pueden cruzar en la intersección.
B) Los ciclistas no deben usar la carretera.
C) Los turismos deben ceder a las bicicletas.
D) Las bicicletas están prohibidas en esta ruta.

Respuesta correcta: D). Las señales de exclusión selectiva son rectangulares con un círculo rojo sobre fondo blanco, o un círculo rojo con una barra diagonal roja sobre fondo blanco y negro. Estas señales restringen o prohíben vehículos o movimientos de vehículos, o prohíben cualquier otra actividad. Este signo de exclusión indica que no se permiten bicicletas en esta ruta.

**79) En una carretera con varios carriles en una dirección, debe usar
_________ para adelantar.**

A) Cualquier pista
B) El carril del medio
C) Las pistas del centro o de la izquierda
D) La pista más a la derecha

Respuesta correcta: C). En una carretera con varios carriles en una dirección, debe usar los carriles del medio o de la izquierda para adelantar.

80) Al conducir, al ver una señal de tráfico triangular, debe:

A) Parar completamente.
B) Reducir su velocidad y dar preferencia.
C) Aumentar su velocidad.
D) Gire a la derecha.

Respuesta correcta: B). Este tipo de señal es una señal de dar preferencia. Debe disminuir la velocidad y ceder al otro tráfico.

81) ¿Cuál de estas afirmaciones sobre la marihuana es cierta?

A) Fumar o comer marihuana hace que sea más fácil responder a imágenes o sonidos.
B) Operar un vehículo bajo la influencia de la marihuana NO es un delito.
C) Consumir marihuana te hace reaccionar más rápido a situaciones inusuales.
D) La marihuana causa una gran pérdida de visión nocturna.

Respuesta correcta: D). Fumar o comer marihuana hace más difícil responder a imágenes y sonidos. Esto lo hace peligroso como conductor. También reduce su capacidad para manejar una serie rápida de tareas. El problema más serio es enfrentar un suceso inesperado, como un coche que viene de una calle lateral o un niño que sale corriendo del medio de coches aparcados. Estos problemas empeoran después de oscurecer, porque la marihuana también causa una mala pérdida de visión nocturna. [Drogas Ilícitas, Medicamentos y Otras Sustancias Controladas; Capítulo 2: Manteniendo su licencia; Manual del Conductor RMV de Massachusetts]

82) Los faros de carretera se utilizarán por la noche:

A) Donde pueda haber gente a lo largo de la carretera.
B) En carreteras desconocidas y en áreas de construcción.
C) Siempre que no se acerquen vehículos.
D) En todas esas situaciones.

Respuesta correcta: D). Utilice sus faros altos siempre que no haya vehículos acercándose, en carreteras desconocidas, en áreas de construcción o donde pueda haber personas a lo largo de la carretera en la que está transitando.

83) ¿Cuál de las siguientes afirmaciones sobre cruces ferroviarios es FALSA?

A) Debe cambiar de marcha al cruzar las vías del tren.
B) Nunca comience a cruzar si no hay espacio para su vehículo en el otro lado.
C) Usted debe comprobar si hay más de una pista antes de cruzar.
D) Debes ceder a los trenes de cruce.

Respuesta correcta: A). Nunca bloquee un cruce ferroviario. Espere hasta que haya espacio para su vehículo del otro lado antes de cruzar. Ceda para cruzar trenes. No cambie de marcha al cruzar vías de tren, ya que el vehículo puede detenerse.

84) Si se encuentra en un cruce y escucha la sirena de un vehículo de emergencia, debe:

A) Moverse a la izquierda y detenerse en el cruce.
B) Continuar por el cruce, parar a la izquierda y parar.
C) Moverse a la derecha y detenerse en el cruce.
D) Continuar por la intersección, parar a la derecha y parar.

Respuesta correcta: D). No bloquee un cruce, incluso si se acerca un vehículo de emergencia. Si se encuentra en un cruce y escucha o ve un vehículo de emergencia acercándose, continúe por el cruce. Luego tire hacia la derecha lo antes posible y deténgase.

85) Si no hay límites de velocidad reducidos en las zonas de trabajo, debe:

A) Conducir a una velocidad de 45 mph.
B) Conducir a una velocidad superior a 70 mph.
C) Obedecer el límite de velocidad normal fijado.
D) Conducir a una velocidad inferior a 50 mph.

Respuesta correcta: C). En muchas zonas de trabajo, los límites de velocidad pueden reducirse y el uso del carril puede restringirse por razones de seguridad. Si no hay límites de velocidad reducidos, debe cumplir con el límite de velocidad normal.

86) Esta señal indica que:

A) El comienzo de una calle de un solo sentido.
B) Un camino dividido adelante.
C) El tráfico se funde al frente.
D) Inicio de una vía de doble mano.

Respuesta correcta: D). Esta señal de advertencia indica el final de un camino de una sola mano y el inicio de un camino de doble mano. Prepárense para el tráfico que se aproxima.

87) Las señales de zona de trabajo o zona de construcción generalmente tienen

A) Letras blancas sobre un fondo naranja.
B) Letras negras sobre fondo amarillo.
C) Letras negras en un fondo naranja.
D) Letras blancas sobre un fondo amarillo.

Respuesta correcta: C). Las señales de construcción, mantenimiento u operaciones de emergencia son generalmente señales naranja rectangulares o en forma de diamante con letras o símbolos negros. Advierten a los conductores que la gente está trabajando en la carretera o cerca de ella.

88) Al disminuir la velocidad o detenerse, debe:

A) Utilice una señal manual para alertar al conductor detrás de usted si las luces de freno de su vehículo no funcionan.
B) Utilice las luces de freno para alertar al conductor detrás de usted.
C) Hacer ambos A y B.
D) Hacer A o B.

Respuesta correcta: D). Al disminuir la velocidad o detenerse, debe utilizar las luces de señalización accionadas por el freno o una señal manual si las señales de su vehículo no funcionan.

89) _________ se pueden utilizar en zonas de trabajo durante el día y la noche para orientar a los conductores en determinadas franjas de tráfico.

A) Personas banderas (banderas)
B) Señales de aviso ferroviarias
C) Barricadas
D) Grandes paneles de flecha intermitentes o secuenciales

Respuesta correcta: D). Grandes paneles de flechas intermitentes o secuenciales se pueden utilizar en zonas de trabajo tanto de día como de noche para guiar a los conductores en ciertas pistas de tráfico y les informará de qué parte de la carretera o calle por delante está cerrada.

90) Al hacer una conversión a la izquierda en un cruce, debe ceder el derecho de paso a:

A) Otros vehículos ya en la intersección.
B) El tráfico se acerca.
C) Peatones.
D) Todas las opciones anteriores.

Respuesta correcta: D). Al hacer una conversión a la izquierda en un cruce, debes ceder el derecho de paso a los peatones, otros vehículos que ya estén en el cruce y al tráfico que se aproxima. La ley dice quién debe ceder el derecho de paso; no da a nadie el derecho de paso.

91) Si un animal corre repentinamente delante de su vehículo, usted debe:

A) Centrarse en mantener el control de su vehículo.
B) Conducir rápidamente alrededor del animal.
C) Usa la bocina y sigue.
D) Pon los frenos tan fuerte como puedas.

Respuesta correcta: A). Si un animal corre repentinamente delante de su vehículo, haga todo lo posible para controlar el vehículo y evitar una colisión.

92) ¿Qué indica esa señal?

A) Usted debe hacer una curva a la derecha.
B) Usted debe ir recto.
C) Puedes seguir recto o girar a la izquierda.
D) Puedes seguir adelante o girar a la derecha.

Respuesta correcta: D). Esta es una señal reglamentaria que le guía a seguir adelante o girar a la derecha.

93) Esta señal advierte sobre:

A) Un camino sinuoso por delante.
B) Una curva pronunciada adelante.
C) Un medio más adelante.
D) Un camino estrecho por delante.

Respuesta correcta: A). Esta señal advierte sobre un camino sinuoso por delante. El camino en el tablero tiene más curvas; usted debe desacelerar.

94) Cuando vea una línea central amarilla sólida en su lado de la carretera, debe:

A) Parar.
B) No pasar.
C) Cambiar de carril.
D) No aumente su velocidad.

Respuesta correcta: B). Muchas carreteras tienen marcas de carril que te informan cuando no puedes ver lo suficientemente lejos como para pasar. No debe adelantarse cuando hay una línea central amarilla sólida en su lado de la carretera.

95) ¿Qué significan esas flechas dobles?

A) La carretera dividida termina.
B) Comienza la carretera dividida.
C) Tráfico de doble mano adelante.
D) El tráfico puede fluir en ambos lados.

Respuesta correcta: D). Esta señal significa que el tráfico en la carretera puede fluir a ambos lados de la señal.

96) Cada año, hay _________ accidentes con vehículos motorizados en Massachusetts.

A) Cerca de 50.000
B) Poco menos de 100.000
C) Aproximadamente 120.000
D) Más de 130.000

Respuesta correcta: D). Cada año, ocurren más de 130.000 accidentes con vehículos motorizados en Massachusetts. Puede reducir las probabilidades de sufrir un accidente obedeciendo las reglas de tráfico, siguiendo las instrucciones del manual del conductor y aprendiendo a conducir defensivamente.

97) Al conducir en una rotonda, un vehículo de emergencia se acerca con una sirena, una bocina de aire o una luz roja o azul intermitente. ¿Qué ibas a hacer?

A) Tire hacia la derecha en la rotonda.
B) Pararemos en la rotonda.
C) Tire hacia la izquierda en la rotonda.
D) Continuar hasta la salida y parar a la derecha.

Respuesta correcta: D). Nunca te detengas ni te detengas en medio de un cruce, incluso si se acerca un vehículo de emergencia. Y una rotonda es una especie de intersección. Si se encuentra en una rotonda y es abordado por un vehículo de emergencia con una sirena, una bocina o una luz roja o azul intermitente, no pare ni pare dentro de la rotonda. Continúe hasta la salida, pare y deje pasar el vehículo de emergencia.

98) Si un neumático se pincha repentinamente mientras conduce, debe:

A) Frenar hasta parar en la carretera.
B) Conducir a la izquierda de la carretera.
C) Aumentar su velocidad para controlar su vehículo.
D) Mantenga el volante firmemente y mantenga el vehículo recto.

Respuesta correcta: D). Si un neumático se pincha repentinamente mientras conduce, mantenga el volante firmemente y mantenga el vehículo recto. Desacelere gradualmente. Quite el pie del acelerador y aplique los frenos ligeramente.

99) Usted está viajando en una carretera de dos carriles. Si un vehículo delante de usted para a un peatón, usted debe:

A) Alerte al vehículo parado para hacer un desvío.
B) Cambiar de carril y superar el vehículo rápidamente.
C) No pasar el vehículo parado.
D) Reduzca la velocidad y rebase el vehículo lentamente.

Respuesta correcta: C). Cuando un vehículo frente a usted se detiene en un peatón, no debe sobrepasarlo, incluso si hay dos carriles disponibles. Este es un peligro frecuente para los peatones.

100) Una franja central entre las bandas de tráfico opuestas puede designarse como:

A) Adelantamiento.
B) Sólo curvas a la izquierda.
C) Sólo curvas a la derecha.
D) Todo lo que precede.

Respuesta correcta: B). Un carril central entre las pistas opuestas de tráfico puede ser designado solo para conversiones a la izquierda. Los vehículos de cualquier dirección pueden utilizar este carril central para curvas a la izquierda. Esta pista, conocida como pista central compartida para la conversión a la izquierda, está marcada por líneas amarillas continuas e interrumpidas paralelas y a veces está acompañada por flechas blancas en la acera. Dicha banda nunca se utilizará para adelantamientos.

101) Los golpes traseros son comunes en las carreteras porque muchos conductores:

A) Conducen bajo la influencia del alcohol.
B) No usan las luces.
C) No mantienen la distancia mínima de seguridad necesaria.
D) Tardan mucho en poner los frenos.

Respuesta correcta: C). Seguir muy de cerca (tailgating) es la principal causa de colisiones traseras en las carreteras.

102) ¿Cuál de las siguientes afirmaciones sobre faros es FALSA?

A) Los faros altos se utilizan cuando se viaja detrás de otros vehículos.
B) Los faros bajos se utilizan cuando se viaja en la niebla, la lluvia o la nieve.
C) Los faros bajos se utilizan en la conducción en la ciudad y en el tráfico.
D) Los faros altos se utilizan cuando se conduce en campo abierto, cuando no hay tráfico a la vista.

Respuesta correcta: A). Debe usar luces altas cuando se conduce en campo abierto y no hay tráfico a la vista. Los faros altos te ayudan a ver más adelante, pero pueden cegar al conductor de un vehículo cercano. También pueden reflejar la precipitación, causando deslumbramiento. Debes usar faros bajos cuando estés conduciendo detrás de otro vehículo o cuando otro vehículo se esté acercando. Utilice también faros bajos en niebla, lluvia o nieve.

103) Al pasar de una calle de una sola mano a una vía de doble vía o dividida, siempre gire a:

A) El carril de la derecha.
B) El carril de la izquierda.
C) La banda más cercana a la acera.
D) La banda más alejada de la acera.

Respuesta correcta: C). Al pasar de una calle de una sola mano a una vía de doble mano o dividida, siempre gire la pista más cercana a la acera.

104) ________ son el tipo de accidente más frecuente en las interestatales.

A) Colisiones traseras
B) Colisiones laterales
C) Colisiones frontales
D) Colisiones de camiones

Respuesta correcta: A). Las colisiones traseras son el tipo más frecuente de colisión en las carreteras interestatales, y seguir muy de cerca (tailgating) es la principal causa. Siempre mantenga un espacio de al menos tres segundos entre usted y el vehículo de delante. Cuente hasta por lo menos cuatro segundos en malas condiciones, mientras conduce en la carretera y al seguir una motocicleta.

105) De acuerdo con la Ley de Bengala Blanca de Massachusetts, si ves a un peatón usando un perro guía u otro animal de servicio o llevando un bastón blanco en un cruce, debes:

A) Pare para el peatón.
B) Reduzca la velocidad y proceda lentamente.
C) Encender los faros para alertar al peatón.
D) Tocar la bocina para alertar al peatón

Respuesta correcta: A). Si ves a un peatón ciego o con discapacidad visual en la vía, detente hasta que la persona salga de la vía. (Nota: las leyes sobre esto son ligeramente diferentes en algunos otros estados. En algunos estados, debe detenerse a al menos 3 metros de un peatón ciego o con discapacidad visual. Al viajar fuera del estado, siempre revise las leyes de tráfico locales.) No use su bocina; esto podría asustar al peatón ciego.

106) Al entrar en una vía pavimentada de una carretera privada, una entrada de automóviles o una carretera sin pavimentar, debe:

A) Detener por completo y girar a la derecha en el camino en el que se está entrando.
B) Reducir la velocidad y dar preferencia a los peatones, ciclistas o vehículos en la carretera en la que está entrando.
C) Parar completamente y girar a la izquierda en el camino en el que se está entrando.
D) Detener completamente y dar preferencia a los peatones, ciclistas o vehículos en la carretera en la que está entrando.

Respuesta correcta: D). Si está entrando en una carretera pavimentada que viene de una carretera privada, una entrada de automóvil o una carretera sin pavimentar, debe detenerse y dar preferencia a los peatones y otros vehículos.

107) En las autopistas de Massachusetts, ¿cuál es el límite de velocidad en condiciones ideales de conducción?

A) Entre 25 y 40 mph
B) Entre 50 y 65 mph
C) No menos de 75 mph
D) Alrededor de 80 mph

Respuesta correcta: B). La mayoría de las carreteras del estado tienen límites de velocidad. En Massachusetts, las carreteras de acceso limitado, como las interestatales, tienen límites de velocidad de 50 a 65 mph. (Nota: En carreteras de acceso limitado en otros estados, los límites de velocidad pueden ser diferentes. Al viajar fuera del estado, siempre revise las leyes de tráfico locales.)

108) En una carretera de doble mano, una __________ le permite cruzar temporalmente a la pista opuesta para adelantar a un vehículo, si es seguro hacerlo.

A) Línea amarilla sólida
B) Línea blanca sólida
C) Flecha izquierda
D) Línea amarilla rota

Respuesta correcta: D). Una línea amarilla rota separa los rangos de tráfico que se mueven en direcciones opuestas. Puede cruzar una línea amarilla rota temporalmente para adelantar, si es seguro hacerlo.

109) Un símbolo de rombo blanco en el pavimento de la pista indica que:

A) El paso está reservado solo para peatones.
B) El carril está reservado solo para vehículos de emergencia.
C) El carril está reservado solo para autobuses escolares.
D) El carril está reservado solo para autobuses o vehículos de alta ocupación.

Respuesta correcta: D). Un símbolo de rombo blanco significa que hay una restricción de pista especial, como "solo vehículos de alta ocupación (HOV)", "solo autobuses" o "solo bicicletas".

110) Para proteger a los ciclistas que pueden caminar cerca de coches estacionados, los conductores deben _____ al salir de sus vehículos en el lado del tráfico.

A) Activar intermitentes de emergencia

B) Bloquear el vehículo

C) Utilizar el método "Dutch Reach"

D) Bocina

Respuesta correcta: C). Al aparcar en la carretera, nunca abra la puerta del vehículo estacionado sin antes asegurarse de que no ponga en peligro a ninguna otra persona o vehículo ni interfiera con el tráfico. Por lo general, una buena práctica es usar el método "Dutch Reach": 1) revise el espejo retrovisor; 2) abra la puerta del conductor con la mano derecha, ya que esto forzará una verificación del hombro al mismo tiempo. Tome precauciones adicionales para evitar abrir una puerta en el camino de los ciclistas, ya que estos suelen andar cerca de coches aparcados. Cuando necesites abrir una puerta cercana al tráfico, mantenla abierta solo el tiempo suficiente para cargar o descargar pasajeros.

111) ¿Cuál es la velocidad mínima en Massachusetts Turnpike?

A) 40 mph

B) 50 mph

C) 60 mph

D) 20 mph

Respuesta correcta: A). Algunas carreteras pueden tener velocidades mínimas. No se le permite conducir más despacio que la velocidad mínima. Por ejemplo, hay una velocidad mínima de 40 mph en la autopista de Massachusetts.

112) Si está siendo sobrepasado por otro vehículo, usted debe _________ y permitir que el otro conductor lo sobrepase con seguridad.

A) Tire del vehículo hacia la izquierda, reducir la velocidad

B) Acelerar, mover al carril derecho

C) Continuar a la misma velocidad

D) Desacelerar, mantenerse a la derecha

Respuesta correcta: D). Al ser superado por otro vehículo, debe reducir la velocidad, mantenerse a la derecha y permitir que el otro conductor lo adelante con seguridad.

113) Esta señal es la siguiente:

A) Una señal de alerta temprana para un cruce ferroviario.
B) Una señal de un solo sentido.
C) Una señal de reparación de carretera.
D) Una señal de cruce.

Respuesta correcta: A). Esta es una señal de advertencia temprana para un cruce ferroviario por delante. Estas señales se colocan normalmente de 350 a 500 pies por delante de un cruce ferroviario. Esté atento a las señales de alerta y a los trenes que se aproximan. Desacelere y prepárese para parar.

114) Una rotonda es una intersección con:

A) Luces de tráfico
B) Una isla central.
C) Una señal de alto.
D) Una señal de no entrar.

Respuesta correcta: B). Las rotatorias son mucho más comunes en Massachusetts que en otras partes del país. Una rotonda es una intersección circular en la que el tráfico circula en sentido antihorario alrededor de una isla central. En las rotondas más grandes, el tráfico puede fluir hasta 40 mph. Las rotondas son similares, pero más pequeñas, y el tráfico circula más despacio (a 40 km/h o menos).

115) Cuando no hay suficiente espacio para una inversión de marcha, debe hacer:

A) Una vuelta de cinco puntos.

B) Una vuelta de dos puntos.

C) Una vuelta de tres puntos.

D) Una vuelta de cuatro puntos.

Respuesta correcta: C). Si no hay suficiente espacio para hacer una inversión de marcha, considere hacer una curva de tres puntos. Esta maniobra hará que su vehículo gire en la dirección opuesta. Esta conversión solo se debe usar cuando la calle es estrecha, la visibilidad es buena, el tráfico es tranquilo, la conversión es legal y no hay otra opción.

116) Esta señal indica que:

A) Cruce de peatones en un cruce.

B) Un parque infantil.

C) Una parada de autobús escolar.

D) Una zona de escuela.

Respuesta correcta: D). Esta señal le avisa que está entrando en una zona escolar. El límite de velocidad alrededor de una escuela en funcionamiento es de 20 mph. Disminuya la velocidad y proceda con precaución.

117) Cuando se prepara para salir de una carretera, debe marcar _________ antes de llegar a la rampa de salida.

A) A al menos 500 pies
B) A por lo menos 400 pies
C) A por lo menos 200 pies
D) A al menos 100 pies

Respuesta correcta: A). Para salir de una autopista, planifique la salida con bastante antelación. Informe de sus intenciones a otras personas, señalizando a por lo menos 500 pies (cerca de una décima de milla) antes de llegar a la salida. Recuerde que a 65 mph, su vehículo recorrerá 500 pies en solo 5,2 segundos.

118) Estudios del *National Safety Council* y del *Insurance Institute for Highway Safety* muestran que una carreta totalmente cargada puede tardar _________ en comparación con un vehículo de paseo.

A) El doble de distancia para parar
B) El triple de distancia para parar
C) 100 pies más para parar
D) 50 pies más para parar

Respuesta correcta: A). Los estudios del *National Safety Council* y del *Insurance Institute for Highway Safety* muestran que un remolque de tractor completamente cargado puede tardar el doble en detenerse que un vehículo de paseo.

119) Es ilegal seguir _________ detrás de un vehículo de emergencia respondiendo a una alarma.

A) Mas que 300 pies
B) Más cerca que 450 pies
C) Más cerca que 600 pies
D) Más de 400 pies

Respuesta correcta: A)

120) Si tu vehículo derrapa en una carretera helada, gira el volante:

A) A la izquierda.

B) En la dirección del derrape.

C) En sentido contrario al de los neumáticos.

D) A la derecha.

Respuesta correcta: B). Si tu vehículo empieza a derrapar, gira el volante en la dirección del derrape. Si los neumáticos traseros están patinando hacia la izquierda, gire el volante hacia la izquierda. Si los neumáticos están patinando a la derecha, gire a la derecha.

121) ¿Puedes adelantar a un autobús escolar parado con los semáforos en rojo?

A) No, debes parar completamente.

B) Sí, pero primero debes parar completamente y luego ceder antes de proceder.

C) Sí, pero debes frenar y prepararte para detenerte.

D) Sí, pero no se puede exceder 20 mph al hacerlo.

Respuesta correcta: A). Los vehículos que circulan a ambos lados de la carretera deben detenerse en un autobús escolar que esté parado con luces rojas intermitentes. Los vehículos deben permanecer parados hasta que dejen de parpadear las luces rojas. [Respeto en la Carretera/Compartir la Carretera, Capítulo 4: Reglas de la Carretera, Manual del Conductor del Estado de Massachusetts]

122) En una autopista, usted se está preparando para bajar en la próxima salida. Ningún otro vehículo está cerca. ¿Aún necesita señalizar?

A) Sí, por lo menos 500 pies.

B) No.

C) Sí, pero sólo por un momento.

D) Sí, tiempo suficiente para demostrar sus intenciones.

Respuesta correcta: A). De acuerdo con la ley de Massachusetts, en las carreteras debe señalar por lo menos 30 metros antes de girar. Y en las autopistas, debe señalizar por lo menos 500 pies antes de llegar a la salida. Usted debe señalar incluso cuando usted no ve ningún otro vehículo cerca. El vehículo más peligroso puede ser el que usted no ve. [Carriles, cruces y curvas, Capítulo 4: Reglas de la carretera, Manual del conductor del estado de Massachusetts]

123) ¿Cuál de las siguientes opciones es verdadera sobre las zonas de aparcamiento prohibido?

A) Solo puede detenerse en ellas temporalmente para cargar o descargar pasajeros o mercancías.

B) Puedes parar en cualquier momento.

C) Solo puedes pararte en ellas para obedecer otra regla del camino.

D) Solo puede detenerse en ellas temporalmente para cargar o descargar pasajeros durante la noche.

Respuesta correcta: A). En una zona sin aparcamiento, puede parar para cargar o descargar temporalmente pasajeros o mercancías. [Estacionamiento, Capítulo 4: Reglas de Tráfico, Manual del Conductor del Estado de Massachusetts]

124) ¿Cuándo puedes girar a la izquierda en un semáforo en rojo?

A) En cualquier momento.

B) Nunca.

C) Cuando usted está entrando en una autopista.

D) Cuando usted está girando de un camino de una sola mano a otro camino de una sola mano.

Respuesta correcta: D). En Massachusetts, se le permite girar a la izquierda en un semáforo en rojo de una calle de un solo sentido a otra calle de un solo sentido, a menos que las señales lo prohíban. Antes de girar a la izquierda, debe detenerse completamente y ceder a los peatones y al tráfico que se aproxima. (Nota: Las leyes sobre conversiones de izquierda a roja son diferentes en algunos otros estados. Algunos estados también permiten conversiones a la izquierda en el rojo de una calle de doble mano para una calle de una sola mano. Por otro lado, algunos otros estados prohíben las conversiones a la izquierda en completamente rojo. Lo mismo sucede con la ciudad de Nueva York, a menos que las señales indiquen lo contrario. Al viajar fuera del estado, siempre revise las leyes de tráfico locales.)

125) ¿Qué significa esa señal?

A) Hay un helipuerto adelante.
B) Hay una encrucijada adelante.
C) Hay un hospital enfrente.
D) Hay un cruce ferroviario adelante.

Respuesta correcta: B). Esta señal advierte sobre una encrucijada por delante. Disminuya la velocidad y prepárese para el cruce. [Señales de Tráfico, Capítulo 4: Reglas de Tráfico, Manual del Conductor del Estado de Massachusetts]

126) Ha aparcado boca arriba. Si su vehículo tiene una transmisión automática, debe colocarlo en el estacionamiento. Si el vehículo tiene una transmisión manual, debe colocarlo:

A) En primera marcha.
B) En la marcha más alta.
C) En punto muerto.
D) En marcha atrás, señor.

Respuesta correcta: A). Al aparcar un vehículo, debe ajustar la transmisión para evitar que el vehículo ruede si los frenos fallan. Si su vehículo está orientado hacia arriba, puede rodar hacia atrás. Por lo tanto, debe colocar una transmisión automática en estacionamiento y una transmisión manual en primera marcha para un máximo par de avance. Accione siempre también el freno de estacionamiento. [Estacionamiento, Capítulo 4: Reglas de Tráfico, Manual del Conductor del Estado de Massachusetts]

127) ¿Tiene permiso para conducir en una pista con esta señal?

A) Sí, pero sólo si tiene al menos un pasajero.

B) Sí.

C) Sí, pero sólo si tiene al menos dos pasajeros.

D) No, solo se permiten autobuses en este carril.

Respuesta correcta: A). Esta señal significa que esta pista es una pista de vehículos de alta ocupación (HOV). Afirma que un vehículo debe tener dos o más ocupantes para ser permitido en la pista. Por lo tanto, necesita al menos un pasajero. [Marcas de Pavimento, Capítulo 4: Reglas de Tránsito, Manual del Conductor del Estado de Massachusetts]

128) Usted está viajando en el carril derecho de una carretera de cuatro carriles. Usted ve un vehículo de emergencia parado con las luces parpadeando delante. ¿Cuál de los siguientes es real?

A) Debe dejar un carril vacío entre su vehículo y el vehículo de emergencia.

B) Debe dejar un carril vacío entre su vehículo y el vehículo de emergencia, pero solo por la noche.

C) Debe dejar un carril vacío entre su vehículo y el vehículo de emergencia donde el límite de velocidad exceda 40 mph.

D) Puede proceder con normalidad.

Respuesta correcta: A). De acuerdo con la Ley de Desplazamiento de Massachusetts, si se acerca a un vehículo de emergencia parado con luces intermitentes en una carretera de varias pistas, debe dejar una pista vacía entre usted y el vehículo de emergencia. Si necesitas cambiar de carril para cumplir con esta regla, hazlo solo si es seguro. [Vehículo de Emergencia Estacionario, Capítulo 5: Situaciones Especiales de Conducción, Manual del Conductor del Estado de Massachusetts]

129) Te acercas a un autobús escolar que se detuvo en el lado opuesto de una carretera dividida. Sus luces rojas parpadean. ¿Necesitas parar aquí?

A) Sí, debe detenerse brevemente y ceder a los peatones en la carretera.

B) Sí, debes parar hasta que el autobús apague tus luces rojas.

C) No, no tienes que parar aquí.

D) No, pero debe reducir la velocidad a 40 km/h o menos y proceder con cuidado.

Respuesta correcta: C). Normalmente, los vehículos que viajan en cualquier dirección deben detenerse en un autobús escolar que ha parado para los pasajeros. Sin embargo, esta regla no se aplica si el autobús escolar está en el lado opuesto de una vía dividida (una vía con vía central o barrera no transitable). [Respeto en la Carretera/Compartir la Carretera, Capítulo 4: Reglas de la Carretera, Manual del Conductor del Estado de Massachusetts]

130) Ves una pista con rombos blancos pintados. ¿Qué quieren decir?

A) Este es un carril de parada de emergencia.

B) Esta vía está cerrada.

C) Este es un camino reservado.

D) Este es un carril exclusivo para autobuses.

Respuesta correcta: C). Esta es una pista reservada o restringida. Solo ciertos tipos de vehículos pueden circular en esta pista. Ejemplos incluyen carriles para vehículos de alta ocupación (HOV) y carriles para autobuses. Las señales cercanas deben indicar qué tipos de vehículos pueden utilizar este carril. [Marcas de Pavimento, Capítulo 4: Reglas de Tránsito, Manual del Conductor del Estado de Massachusetts]

131) La primera regla de una curva segura es:

A) Para cortar esquinas al girar.

B) Para aumentar su velocidad.

C) Para reducir su velocidad.

D) Para moverse a la pista adecuada justo antes de la curva.

Respuesta correcta: D). La primera regla para una curva segura y fresca es moverse a la pista correcta justo antes de la curva. Para girar a la izquierda, diríjase al carril más a la izquierda, a menos que señales, señales o marcas en la carretera indiquen lo contrario. Para girar a la derecha, diríjase al carril más a la derecha, a menos que señales, señales o marcas en la carretera indiquen lo contrario.

132) Las señales de aviso de tráfico en zonas de trabajo son generalmente:

A) Azules.

B) Rojos.

C) Naranjas.

D) Verdes.

Respuesta correcta: C). Las señales de advertencia de tráfico en las zonas de trabajo son generalmente naranja. Rojo indica situaciones de tráfico peligrosas.

133) Al llegar a un cruce, siga la __________ antes de continuar.

A) Regla izquierda-derecha-izquierda

B) Regla derecha-izquierda-derecha

C) Regla izquierda-izquierda-derecha

D) Regla izquierda-derecha

Respuesta correcta: A). Al llegar a un cruce, siga la regla izquierda-derecha-izquierda: mire primero a la izquierda porque los vehículos que vienen de la izquierda están más cerca de usted. Luego, mira a la derecha. Finalmente, echa otro vistazo a tu izquierda antes de continuar. Puedes ver un vehículo a tu izquierda que no viste la primera vez que miraste.

134) ¿Qué significa esa señal?

A) Una curva ciega está adelante.

B) Una curva pronunciada a la derecha está adelante.

C) Una carretera dividida termina adelante.

D) Una isla o divisor de tráfico está adelante.

Respuesta correcta: D). Esta señal significa que hay un divisor o isla de tráfico por delante. Manténgase derecho.

135) Cuando encuentres una línea amarilla continua y rota entre los carriles de tráfico opuestos, NO debes sobrepasarlos:

A) Si la línea amarilla sólida no está de tu lado.

B) Si la línea amarilla rota está de tu lado.

C) De ninguna manera.

D) Si la línea amarilla continua está de tu lado.

Respuesta correcta: D). Donde hay una línea amarilla sólida y una línea discontinua entre las pistas de tráfico opuestas, no puedes pasar si la línea amarilla continua está en tu lado.

136) Al adelantar a otro vehículo, pase por el punto ciego del otro conductor lo más rápido posible:

A) Al cambiar de marcha.

B) Disminuyendo la velocidad del rayo.

C) Aumentando su velocidad de vuelo.

D) Sin sobrepasar el límite de velocidad.

Respuesta correcta: D). Al pasar por encima de otro vehículo, pase el punto ciego del otro conductor lo más rápido posible, sin exceder el límite de velocidad. Cuanto más tiempo permanezca en el punto ciego, más tiempo estará en peligro de colisión.

137) El conductor de un coche que está siendo superado debe __________ hasta que se complete el adelantamiento.

A) Aumentar la velocidad

B) Moverse a la izquierda

C) No aumentar la velocidad

D) Parar

Respuesta correcta: C). El conductor de un coche que se supera no debe aumentar la velocidad hasta que se complete el adelantamiento.

138) Debe hacer una parada completa en todas las situaciones siguientes, EXCEPTO:

A) En un semáforo amarillo parpadeante.

B) En una señal de alto.

C) En un semáforo en rojo constante.

D) En un semáforo en rojo.

Respuesta correcta: A). Un semáforo amarillo intermitente significa que debe disminuir la velocidad, comprobar el tráfico cruzado y proceder con cuidado.

139) Al prepararse para dejar una plaza de aparcamiento paralela, debe:

A) Mirar en los espejos.
B) Mira por encima del hombro.
C) Indicar su intención señalando.
D) Hacer todo lo anterior.

Respuesta correcta: D). Al prepararse para dejar una plaza de aparcamiento en paralelo, debe mirar por encima del hombro y también en los retrovisores. Entonces espere hasta que el camino esté libre antes de entrar en el tráfico. También debe indicar su intención de señalización, entrar en el tráfico en la pista más cercano y permanecer en esa pista hasta que sea seguro cambiar a otra.

140) La prueba de visión para licencia de conducir evalúa:

A) Agudeza.
B) Visión a color.
C) Visión periférica.
D) Todo lo que precede.

Respuesta correcta: D). La prueba de visión evalúa 1) la agudeza - cuán claramente se ve; 2) la visión periférica - hasta qué punto se puede ver en cualquier lugar mientras se mira hacia adelante; 3) la percepción del color.

141) A menos que esté prohibido, debe utilizar la curva de tres puntos para:

A) Adelantar otro vehículo en una carretera estrecha.
B) Gire en una calle estrecha.
C) Cambiar de carril.
D) Gire a la izquierda.

Respuesta correcta: B). Calles estrechas son una fuente de accidentes. A menos que esté prohibido, debe utilizar la curva de tres puntos para girar en una calle estrecha.

142) Al salir de una autopista de alta velocidad y de dos pistas, __________ si hay tráfico siguiéndote.

A) Aumente su velocidad

B) Frena con fuerza

C) Trate de desacelerar lo más rápido posible

D) Trate de no frenar de repente

Respuesta correcta: D). Al salir de una carretera de alta velocidad y con dos carriles, intente no disminuir la velocidad abruptamente. Utilice sus indicadores de dirección para que otros conductores sepan sus intenciones. Toque el freno y reduzca la velocidad con rapidez, pero de forma segura.

143) Si te condenan por no parar en un autobús escolar parado con luces rojas parpadeantes en una carretera no dividida, te multarán hasta _____ por la primera ofensa.

A) $ 100

B) $ 250

C) $ 125

D) $ 175

Respuesta correcta: B). De acuerdo con la ley de Massachusetts, debe detenerse en un autobús escolar parado con luces rojas parpadeantes en una carretera no dividida, no importa en qué lado de la carretera esté parado. Si es condenado por violar esta ley, será multado hasta US$ 250 en la primera infracción, entre US$ 500 y US$ 1.000 en la segunda infracción y entre US$ 1.000 y US$ 2.000 en la tercera infracción o subsiguiente. Además, para una primera condena, su licencia puede ser suspendida. Para una segunda, tercera o posterior condena, su licencia será revocada. [MA Gen Leyes cap. 90 § 14]

144) Un semáforo en rojo parpadeante debe tratarse como:

A) Una señal de no entrar.

B) Una señal de alto.

C) Una señal de preferencia.

D) Una señal de cruce.

Respuesta correcta: B). Un semáforo rojo parpadeante debe ser tratado como una señal de parada. Es decir, debe detenerse completamente y proceder cuando sea seguro hacerlo.

145) Usted conduce hasta un cruce y ve esta placa. ¿Qué debería hacer?

A) Encontrar otra ruta; no puedes seguir por aquí.

B) Reduzca la velocidad y continúe solo si el cruce está libre.

C) Parar completamente y luego proceder.

D) Detener completamente y ceder a cualquier tráfico antes de continuar.

Respuesta correcta: D)

146) Se llega a un cruce ferroviario. La travesía tiene luces rojas parpadeantes y una campana de advertencia. Se puede ver que un tren se acerca. ¿Cuál de los siguientes es verdadero?

A) Debe detenerse a al menos 15 pies de distancia del poste de luz o de la cancela.

B) Puedes cruzar las vías en cuanto pase el tren.

C) Ambas A y B son ciertas.

D) Ni A ni B son reales.

Respuesta correcta: A). Al detenerse en un cruce ferroviario, debe permanecer al menos a 15 pies de distancia del poste de luz o de la cancela. No debe cruzar mientras las luces de señalización parpadean, el timbre está sonando o la barrera no está completamente levantada. [Señales de Tráfico, Capítulo 4: Reglas de Tráfico, Manual del Conductor del Estado de Massachusetts]

147) ¿Cuál de las siguientes son verdaderas?

A) Cualquier pasajero de al menos 16 años de edad puede ser multado por no usar el cinturón de seguridad.

B) Te pueden multar por conducir sin cinturón.

C) Usted puede ser multado por transportar pasajeros menores de 16 años que no estén usando cinturones de seguridad.

D) Todas las opciones anteriores son ciertas.

Resposta correcta: D). Você deve se certificar de que todos em seu veículo estão usando o cinto de segurança ou sistema de proteção adequado para crianças. Em Massachusetts, você pode ser multado por dirigir sem cinto de segurança ou transportar qualquer passageiro menor de 16 anos sem cinto de segurança. Qualquer passageiro de pelo menos 16 anos que não use cinto de segurança pode ser multado. [Segurança de veículos de passeio, Capítulo 3: Segurança em primeiro lugar, Manual do Motorista do Estado de Massachusetts]

148) Antes de dejar su coche aparcado sin vigilancia, ¿qué debe hacer?

A) Apagar el motor, pero dejar la llave dentro.

B) Desconectar el motor, poner el freno de estacionamiento, comprobar que el encendido esté bloqueado, retirar la llave y cerrar las puertas.

C) Mantén el motor en marcha.

D) Ninguna de las opciones anteriores.

Respuesta correcta: B). La ley de Massachusetts exige que apague el motor, accione el freno, verifique si el encendido está bloqueado, saque la llave y cierre la puerta antes de dejar el coche sin vigilancia. [Estacionamiento, Capítulo 4: Reglas de Tráfico, Manual del Conductor del Estado de Massachusetts]

149) Conduces hasta una intersección y ves esta placa. ¿Qué debes hacer?

A) Reducir la velocidad y prepararse para ceder a los peatones y el tráfico por delante.

B) Reduzca la velocidad y prepárese para ceder al tráfico por delante, pero no tendrá que detenerse.

C) Mantenga su velocidad porque todo el tráfico por delante debe ceder a usted.

D) Detener por completo, ceder a los peatones y el tráfico por delante y continuar.

Respuesta correcta: A). Este es un signo de rendimiento. Cuando te acerques a una placa de preferencia, debes reducir la velocidad y prepararte para ceder a los peatones y al tráfico por delante. Puede que tengas que parar también, así que prepárate. [Señales de Tráfico, Capítulo 4: Reglas de Tráfico, Manual del Conductor del Estado de Massachusetts]

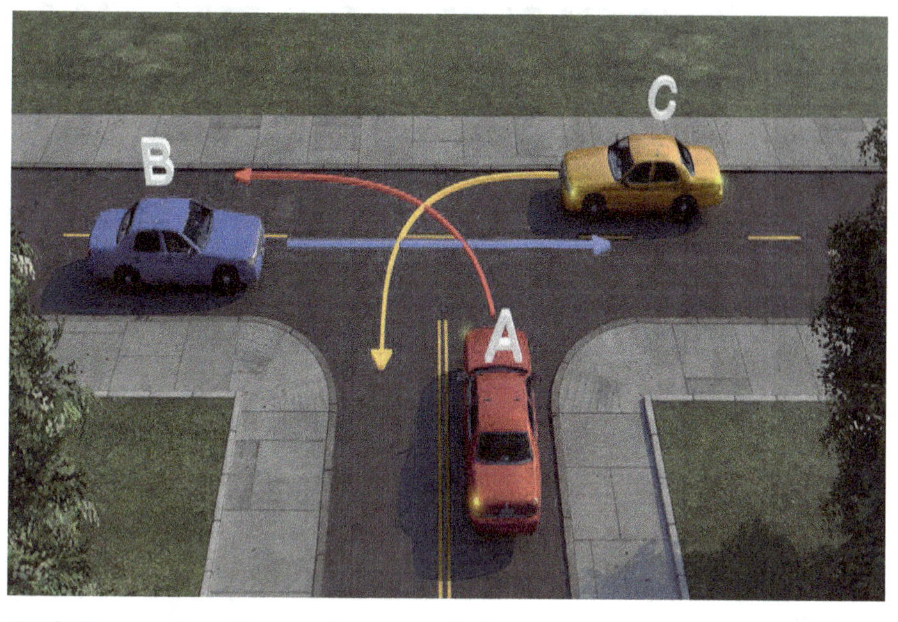

150) Tres coches llegan descontrolados en un cruce T. ¿En qué orden deben proceder los coches?

A) A, C, B

B) C, B, A

C) A, B, C

D) B, C, A

Respuesta correcta: D). En una intersección en T, los coches en la carretera (principal) (como B y C aquí) tienen el derecho de paso, entonces el coche A debe ceder a los coches B y C. Los coches que hacen curva a la izquierda deben ceder al tráfico que se aproxima, entonces el coche C debe ceder al coche B. Por lo tanto, la orden de los coches es B, C, A.

151) ¿Qué significa esa señal?

A) El límite de velocidad legal es de 50 mph.
B) El límite de velocidad durante el día es de 50 mph.
C) El límite de velocidad por la noche es de 50 mph.
D) El límite de velocidad recomendado es de 50 mph.

Respuesta correcta: A). Esta señal reglamentaria muestra el límite de velocidad máxima permitido. Su presencia indica que no puede exceder 50 mph. [Límites de velocidad, Capítulo 4: Reglas de tráfico, Manual del conductor del Estado de Massachusetts]

152) Se llega a un cruce con una luz verde. ¿Cuál de los siguientes es verdadero?

A) No puedes seguir adelante.

B) Eres libre de proceder.

C) Debe detenerse brevemente y ceder, y luego puede proceder.

D) Usted es libre de proceder después de ceder a los peatones y al tráfico que ya estén en el cruce.

Respuesta correcta: D). Puede proceder con una luz verde después de ceder a todos los peatones y al tráfico que ya esté en la intersección. [Señales de Tráfico, Capítulo 4: Reglas de Tráfico, Manual del Conductor del Estado de Massachusetts]

153) ¿Cuál de las siguientes afirmaciones es cierta sobre hidroplanos?

A) El hidroplaneo puede comenzar a velocidades tan bajas como 35 mph.

B) Si hidroplano, usted debe conducir recto y frenar firmemente.

C) El control de crucero es seguro para su uso en carreteras mojadas.

D) La condición de sus neumáticos no afecta la probabilidad de hidroplanitud.

Respuesta correcta: A). El hidroplaneo (o aquaplanagem) ocurre cuando usted conduce muy rápido sobre el agua parada y efectivamente esquía sobre su superficie. Incluso con neumáticos buenos, su vehículo puede comenzar a hidrodeslizar a velocidades tan bajas como 35 mph. (Los neumáticos muy desgastados pueden hacer que el vehículo hidroplano a velocidades tan bajas como 40 km/h.) Esto puede hacer que el coche se deslice. Si hidrodeslizas, trata de evitar acelerar, girar o frenar; deja que el coche se ralentice. No uses el control de crucero en carreteras mojadas. Si el vehículo pierde tracción, el control de crucero puede patinar las ruedas para tratar de mantener una velocidad constante. Esto puede empeorar o incluso causar un deslizamiento. [Conducción defensiva, Capítulo 3: Seguridad en primer lugar, Manual del Conductor del Estado de Massachusetts]

154) ¿Qué significa esa señal?

A) No hay giro a la izquierda.

B) Rotonda o rotonda adelante.

C) Por el camino equivocado.

D) Giro de 270 grados adelante.

Respuesta correcta: D)

155) En Massachusetts, usted debe responder a una multa de tráfico dentro de:

A) 30 días.

B) 10 días.

C) 20 días.

D) 60 días.

Respuesta correcta: C). En Massachusetts, tienes 20 días para responder a una multa de tráfico. Si usted no responde hasta entonces, se le considerará responsable y se le cobrará una gran cuota de retraso. [Infracciones civiles de vehículos de motor; Violaciones y sanciones de vehículos de motor; Capítulo 2: Mantenimiento de su licencia; Manual del conductor de RMV de Massachusetts]

156) Para un Operador Junior (es decir, menores de 18 años) que posea un permiso de aprendiz, dos o más condenas por exceso de velocidad darán lugar a una suspensión por:

A) 1 año.

B) 6 meses.

C) 120 días.

D) 90 días.

Respuesta correcta: A). Para un Operador Junior que posea una licencia de aprendiz, dos o más condenas por exceso de velocidad resultarán en suspensión por un año. [Suspensiones de Permisos Obligatorios; Suspensión o Revocación de la Licencia; Capítulo 2: Manteniendo su licencia; Manual del Conductor RMV de Massachusetts]

157) Si un Operador Junior (es decir, menores de 18 años) que posee una licencia de aprendiz es condenado por disputas de racha por segunda vez, su licencia será suspendida por _____ años.

A) 3

B) 5

C) 2

D) 4

Respuesta correcta: A). Si un Operador Junior que posee una licencia de aprendiz es condenado por disputas de racha por segunda vez, su licencia será suspendida por tres años. [Suspensiones de Permisos Obligatorios; Suspensión o Revocación de la Licencia; Capítulo 2: Manteniendo su licencia; Manual del Conductor RMV de Massachusetts]

158) Un Operador Junior (es decir, menores de 18 años) cuya licencia de estudiante ha sido suspendida por segunda vez para disputas de división debe pagar una tarifa de _______ para tener su licencia restablecida.

A) $ 750

B) $ 1.000

C) $ 250

D) $ 500

Respuesta correcta: B). Un Operador Junior cuya licencia de estudiante ha sido suspendida por disputas de división por segunda vez debe pagar una cuota de $ 1,000 para que se restablezca su licencia. [Suspensiones de Permisos Obligatorios; Suspensión o Revocación de la Licencia; Capítulo 2: Manteniendo su licencia; Manual del Conductor RMV de Massachusetts]

159) La multa por exceso de velocidad es igual a $ 105 por los primeros diez kilómetros por hora por encima del límite de velocidad, más _______ por cada milla adicional por hora por encima del límite de velocidad.

A) $ 1
B) $ 8
C) $ 10
D) $ 5

Respuesta correcta: C). La multa por exceso de velocidad es igual a $ 105 por las primeras diez millas por hora por encima del límite de velocidad, más $ 10 por cada milla adicional por hora por encima del límite de velocidad. [Violaciones de exceso de velocidad; Infracciones y Sanciones de Vehículos Automotores; Capítulo 2: Manteniendo su licencia; Manual del Conductor RMV de Massachusetts]

160) Si un conductor de Massachusetts es condenado por infracciones de velocidad dentro de un año, su licencia será suspendida por 30 días.

A) 3
B) 4
C) 5
D) 6

Respuesta correcta: A). Si un conductor de Massachusetts es condenado por tres infracciones de velocidad en un año, su licencia será suspendida por 30 días. [Violaciones de exceso de velocidad; Infracciones y Sanciones de Vehículos Automotores; Capítulo 2: Manteniendo su licencia; Manual del Conductor RMV de Massachusetts]

161) Un Operador Junior (es decir, menores de 18 años) que posea una licencia de aprendiz deberá ir siempre acompañado de un conductor con licencia de al menos 21 años durante la conducción. Por dos condenas por conducir sin supervisión de un adulto, la licencia del Operador Junior será suspendida y él o ella estará obligado a:

A) Completar un curso de dirección defensiva.
B) Reunirse con un empleado de RMV.
C) Completar un curso de retroceso del comportamiento del conductor.
D) No hacer ninguna de las opciones anteriores.

Respuesta correcta: C). Si un Operador Junior que posee una licencia de aprendiz es condenado dos veces por conducir sin la supervisión de un adulto, su licencia será suspendida y será obligado a completar con éxito un Curso de Entrenamiento de Actitud del Conductor. [Suspensiones de Permisos Obligatorios; Suspensión o Revocación de la Licencia; Capítulo 2: Manteniendo su licencia; Manual del Conductor RMV de Massachusetts]

162) Si un Operador Junior (es decir, menores de 18 años) que posee licencia de conducir es condenado por conducción imprudente por segunda vez en un período de tres años, su licencia será suspendida por:

A) 18 meses.

B) 1 año.

C) 36 meses.

D) 2 años.

Respuesta correcta: B). Si un Operador Junior que posee licencia de conducir es condenado por conducción imprudente por segunda vez en un período de tres años, su licencia será suspendida por un período de un año.

163) ¿Cuál de las siguientes alternativas NO se considera infracción de tráfico?

A) Desobedecer las señales de tráfico.

B) Conducir por el lado equivocado de la carretera.

C) Una multa por exceso de velocidad.

D) Una multa de estacionamiento

Respuesta correcta: D). Las multas de estacionamiento no se consideran infracciones de tráfico. En Massachusetts, sin embargo, dejar de pagar multas de estacionamiento puede evitar que renueve su licencia o registre su vehículo. [Infracciones civiles de vehículos de motor; Violaciones y sanciones de vehículos de motor; Capítulo 2: Mantenimiento de su licencia; Manual del conductor de RMV de Massachusetts]

164) Un Operador Junior (es decir, menores de 18 años) que posea una licencia de aprendiz deberá ir siempre acompañado de un conductor con licencia de al menos 21 años durante la conducción. Si él o ella es condenado por conducir sin la supervisión de un adulto, su permiso será suspendido por _____ días en la primera ofensa.

A) 60

B) 180

C) 30

D) 90

Respuesta correcta: A). Si un Operador Junior que posee una licencia de aprendiz es condenado por conducir sin la supervisión de un adulto, su licencia será suspendida por un período de 60 días. [Suspensiones de Permisos Obligatorios; Suspensión o Revocación de la Licencia; Capítulo 2: Manteniendo su licencia; Manual del Conductor RMV de Massachusetts]

165) Si los privilegios de conducir de un chófer de Massachusetts son suspendidos en otro estado,

A) Su licencia también será suspendida en Massachusetts.

B) Tendrá que pagar una multa en Massachusetts.

C) Todavía tendrá permiso para conducir en Massachusetts.

D) Ninguna de las opciones anteriores ocurrirá.

Respuesta correcta: A). Si los privilegios de conducir de un conductor de Massachusetts se suspenden o revocan en otro estado, su licencia se suspenderá automáticamente. [Violaciones Fuera del Estado; Infracciones y Sanciones de Vehículos Automotores; Capítulo 2: Manteniendo su licencia; Manual del Conductor RMV de Massachusetts]

166) Si su licencia fue suspendida en Massachusetts porque sus privilegios de conducir fueron suspendidos en otro estado, usted debe pagar una tarifa de _____ para tener su cartera restablecida.

A) $ 750

B) $ 100

C) $ 250

D) $ 500

Respuesta correcta: B). Si su licencia fue suspendida en Massachusetts porque sus privilegios de conducir fueron suspendidos en otro estado, su cartera no puede ser restablecida hasta que la suspensión fuera del estado sea resuelta. Una vez hecho esto, usted debe pagar una cuota de S 100 para tener su licencia restablecida. [Registros de Conducción; Violaciones y Sanciones de Vehículos Automotores; Capítulo 2: Manteniendo su licencia; Manual del Conductor RMV de Massachusetts]

167) Si usted está obligado a completar el Curso de Reciclaje de Conductores, deberá hacerlo dentro de:

A) 30 días.

B) 120 días.

C) 90 días.

D) 60 días.

Respuesta correcta: C). Si el RMV notifica que debe tomar el Curso de Reciclaje de Conductores, tiene 90 días para hacerlo. Si no lo hace, su licencia será suspendida indefinidamente hasta que complete el curso. [Curso de Recalificación de Conductores; Violaciones y Sanciones de Vehículos Automotores; Capítulo 2: Manteniendo su licencia; Manual del Conductor RMV de Massachusetts]

168) Una condena por homicidio involuntario hará que su licencia sea suspendida por lo menos:

A) 20 años.

B) 15 años.

C) 25 años.

D) 30 años.

Respuesta correcta: B). Si es condenado por homicidio involuntario, su licencia será suspendida por lo menos 15 años. [Infracciones y Suspensiones; Suspensiones de Licencias Obligatorias; Suspensión o Revocación de la Licencia; Capítulo 2: Manteniendo su licencia; Manual del Conductor RMV de Massachusetts]

169) Para un conductor de Massachusetts que posea una licencia de operador junior, una condena por exceso de velocidad resultará en suspensión por:

A) 60 días.

B) 90 días.

C) 180 días.

D) 30 días.

Respuesta correcta: B). Para un conductor de Massachusetts que posee una licencia de operador junior, una condena por exceso de velocidad resultará en suspensión por 90 días. Si vuelve a ser condenado por exceso de velocidad, su licencia será suspendida por un año. [Suspensiones de Permisos Obligatorios; Suspensión o Revocación de la Licencia; Capítulo 2: Manteniendo su licencia; Manual del Conductor RMV de Massachusetts]

170) Si un conductor es acusado de vender carteras falsas pero no es condenado, el Registro de Vehículos Automotores podrá suspender su licencia por:

A) 30 días.

B) 1 año.

C) 90 días.

D) 6 meses.

Respuesta correcta: D). Si un conductor es acusado de vender carteras falsas, el Registro de Vehículos Automotores puede suspender la licencia de esa persona durante seis meses, incluso si la persona no es condenada. Si el conductor es condenado, el Registrador puede suspender su licencia por un año. [Motivos para la suspensión de la licencia; Suspensión o revocación de la licencia; Capítulo 2: Mantenimiento de su licencia; Manual del Conductor RMV de Massachusetts]

171) En Massachusetts, ¿cuál de las siguientes infracciones no relacionadas con la dirección puede resultar en la suspensión de la licencia de conducir?

A) Delitos relacionados con drogas.

B) Falta de registro como agresor sexual.

C) Falta de pago de la pensión alimenticia.

D) Todo lo que precede.

Respuesta correcta: D). Si usted deja de pagar pensión alimenticia, deja de registrarse como delincuente sexual, deja de pagar el impuesto de renta de Massachusetts, tiene una prisión pendiente u orden de incumplimiento, haya sido condenado por ciertos delitos de tráfico de drogas o haya hecho un pago indebido (como un cheque sin fondo) al RMV, su licencia puede ser suspendida en Massachusetts. Si usted desfigura propiedad privada o real picándola, su licencia en Massachusetts puede ser suspendida. Además, si su licencia de Massachusetts fue suspendida o revocada fuera del estado, también será suspendida en Massachusetts. [Motivos para la suspensión de la licencia; Suspensión o revocación de la licencia; Capítulo 2: Mantenimiento de su licencia; Manual del Conductor RMV de Massachusetts]

172) Para una quinta condena por operar bajo la influencia (OUI), su licencia será suspendida por:

A) 5 años.

B) 10 años.

C) 15 años.

D) Perpetuamente.

Respuesta correcta: D). Después de su quinta condena por OUI, su licencia será suspendida permanentemente. [Infracciones y Suspensiones; Suspensiones de Licencias Obligatorias; Suspensión o Revocación de la Licencia; Capítulo 2: Manteniendo su licencia; Manual del Conductor RMV de Massachusetts]

173) ¿Cuál es el período máximo de suspensión para abandonar el lugar de un accidente que ha dado lugar a lesiones corporales?

A) 2 años

B) 6 meses

C) 90 días

D) 1 año

Respuesta correcta: A). Si dejas el lugar de un accidente que resultó en lesiones personales, tus privilegios de conducir se suspenderán por un período de uno a dos años. [Infracciones y Suspensiones; Suspensiones de Licencias Obligatorias; Suspensión o Revocación de la Licencia; Capítulo 2: Manteniendo su licencia; Manual del Conductor RMV de Massachusetts]

174) Si un conductor de Massachusetts que posee una licencia de Operador Junior es condenado por su primer delito por exceso de velocidad, perderá los privilegios de conducir por un período de:

A) 60 días.

B) 120 días.

C) 30 días.

D) 90 días.

Respuesta correcta: D). Si un Operador Junior de Massachusetts es condenado por su primer delito por exceso de velocidad, su licencia será suspendida por un período de 90 días. [Violaciones de exceso de velocidad; Infracciones y Sanciones de Vehículos Automotores; Capítulo 2: Manteniendo su licencia; Manual del Conductor RMV de Massachusetts]

175) Si un conductor de Massachusetts que posee una licencia de operador junior es condenado por una segunda o más infracciones por exceso de velocidad, su licencia será suspendida por un período de:

A) 6 meses.

B) 12 meses.

C) 9 meses.

D) 3 meses.

Respuesta correcta: B). Si un Operador Junior de Massachusetts es condenado por una segunda o más infracciones por exceso de velocidad, su licencia será suspendida por un año. [Violaciones de exceso de velocidad; Infracciones y Sanciones de Vehículos Automotores; Capítulo 2: Manteniendo su licencia; Manual del Conductor RMV de Massachusetts]

176) Si se le considera un infractor habitual, su licencia será suspendida por:

A) 4 años.

B) 2 años.

C) 3 años.

D) 1 año.

Respuesta correcta: A). Si se le considera un infractor habitual, su licencia se suspenderá durante cuatro años. [Registros de Conducción; Violaciones y Sanciones de Vehículos Automotores; Capítulo 2: Manteniendo su licencia; Manual del Conductor RMV de Massachusetts]

177) En Massachusetts, una primera condena por operar bajo la influencia (OUI) resultará en una sentencia máxima de prisión de:

A) 2,5 años.

B) 6 meses.

C) 30 días.

D) 1 año.

Respuesta correcta: A). En Massachusetts, un conductor será condenado a hasta 2 años y medio de prisión por su primera ofensa OUI. [Alcohol, Drogas y Dirección; Suspensión o Revocación de la Licencia; Capítulo 2: Manteniendo su licencia; Manual del Conductor RMV de Massachusetts]

178) Después de _____ condenas por exceso de velocidad, un Operador Junior (es decir, menores de 18 años) que posea una licencia de aprendiz debe rehacer el examen de permiso de aprendiz.

A) 4

B) 2

C) 1

D) 3

Respuesta correcta: C). Después de solo una condena por exceso de velocidad, un Operador Junior que posea una licencia de estudiante debe rehacer y aprobar el examen de licencia de alumno. [Suspensiones de Permisos Obligatorios; Suspensión o Revocación de la Licencia; Capítulo 2: Manteniendo su licencia; Manual del Conductor RMV de Massachusetts]

179) Para el cálculo de las penas de condena punibles con recargo, ¿cuál es la fecha oficial de una ofensa?

A) Fecha en que se comunicó la condena a la compañía de seguros del conductor.

B) La fecha de caducidad de la licencia de conducir.

C) La fecha de la violación.

D) La fecha de la condena.

Respuesta correcta: D). Para el cálculo de las penas de condena punibles, la fecha de la condena se considera la fecha oficial. La fecha de la condena es el día en que el conductor fue encontrado culpable en el tribunal o el día en que pagó la multa, admitiendo la culpa. [Eventos Facturables; Violaciones y Sanciones de Vehículos Automotores; Capítulo 2: Manteniendo su licencia; Manual del Conductor RMV de Massachusetts]

180) Si un conductor adulto conduce con una concentración de alcohol en la sangre (BAC) de _______ o superior, se le acusará de conducir bajo influencia (OUI).

A) 0,08%
B) 0,02 %
C) 0,06 %
D) 0,04 %

Respuesta correcta: A). Si te atrapan conduciendo con una concentración de alcohol en la sangre (BAC) de 0,08% o más, se te acusará de conducir bajo la influencia del alcohol (OUI), y las sanciones pueden ser severas. [Contenido de Alcohol en Sangre; Alcohol, Drogas y Dirección; Capítulo 2: Mantenimiento de su licencia; Manual del Conductor RMV de Massachusetts]

181) Un Operador Junior (es decir, menores de 18 años) que posea una tarjeta de estudiante no tiene permiso para conducir sin supervisión entre las 00:00 y las 5:00. Si es condenado por conducir sin supervisión entre las 00:00 y las 05:00, su licencia será suspendida por:

A) 180 días.
B) 90 días.
C) 60 días.
D) 30 días.

Respuesta correcta: C). Si un Operador Junior que posee una licencia de aprendiz es condenado por conducir sin supervisión entre 00:00 y 05:00, su licencia será suspendida por 60 días. [Suspensiones de Permisos Obligatorios; Suspensión o Revocación de la Licencia; Capítulo 2: Manteniendo su licencia; Manual del Conductor RMV de Massachusetts]

182) ¿Cuál de las siguientes situaciones puede ocurrir si un conductor de Massachusetts comete un delito de tráfico?

A) Puede ser enviado a prisión inmediatamente.
B) Su vehículo puede ser remolcado.
C) Puede ser arrestado inmediatamente.
D) Todos los elementos anteriores pueden ocurrir.

Respuesta correcta: D). Si un conductor de Massachusetts es acusado de un delito de tráfico, su vehículo puede ser remolcado, puede ser detenido inmediatamente, puede ser mantenido en prisión hasta la fecha del juicio y su licencia puede ser confiscado. [Violaciones Criminales; Infracciones y Sanciones de Vehículos Automotores; Capítulo 2: Manteniendo su licencia; Manual del Conductor RMV de Massachusetts]

183) En Massachusetts, la _________ y posteriores ofensas de OUI son consideradas crímenes.

A) Segunda

B) Tercera

C) Cuarta

D) Primera

Respuesta correcta: B). En Massachusetts, la tercera ofensa OUI y posteriores se consideran crímenes. [Alcohol, Drogas y Dirección; Suspensión o Revocación de la Licencia; Capítulo 2: Manteniendo su licencia; Manual del Conductor RMV de Massachusetts]

184) Si un Operador Junior (es decir, menores de 18 años) que posee licencia de conducir es condenado por conducción imprudente por primera vez, él o ella perderá los privilegios de conducir por:

A) 9 meses.

B) 180 días.

C) 1 año.

D) 2 años.

Respuesta correcta: B). Si un Operador Junior que posee una licencia de conducir es condenado por conducción imprudente por primera vez, perderá los privilegios de conducir por un período de 180 días. [Suspensiones de Permisos Obligatorios; Suspensión o Revocación de la Licencia; Capítulo 2: Manteniendo su licencia; Manual del Conductor RMV de Massachusetts]

185) Un Operador Junior (es decir, menores de 18 años) cuya licencia de estudiante ha sido suspendida para disputas de división debe pagar una tarifa de _______ para tener su licencia restablecida.

A) $ 750

B) $ 500

C) $ 250

D) $ 100

Respuesta correcta: B). Un operador junior cuya licencia de estudiante ha sido suspendida por disputas de división debe pagar una cuota de $ 500 para tener su licencia restablecida. [Suspensiones de Permisos Obligatorios; Suspensión o Revocación de la Licencia; Capítulo 2: Manteniendo su licencia; Manual del Conductor RMV de Massachusetts]

186) Si la licencia de Operador Junior se suspende por exceso de velocidad, la tasa de reintegración será:

A) $ 500.

B) $ 100.

C) $ 250.

D) $ 1.000.

Respuesta correcta: A). La tasa de reintegración para un Operador Junior cuya licencia fue suspendida por exceso de velocidad es de $ 500. La tasa de reintegración para un Operador Junior cuya licencia de estudiante ha sido suspendida por exceso de velocidad es de $ 100. [Suspensiones de Permisos Obligatorios; Suspensión o Revocación de la Licencia; Capítulo 2: Manteniendo su licencia; Manual del Conductor RMV de Massachusetts]

187) Un infractor habitual cuya licencia haya sido suspendida deberá pagar una tasa de _______ para recuperar la licencia.

A) $ 500

B) $ 250

C) $ 750

D) $ 100

Respuesta correcta: A). Un infractor habitual cuya licencia ha sido suspendida debe pagar una cuota de $ 500 para tener la licencia restablecida. [Registros de Conducción; Violaciones y Sanciones de Vehículos Automotores; Capítulo 2: Manteniendo su licencia; Manual del Conductor RMV de Massachusetts]

188) En Massachusetts, usted será considerado un infractor habitual si acumula cualquier combinación de _____ infracciones de tráfico mayores o menores en un período de 5 años.

A) 10

B) 9

C) 12

D) 11

Respuesta correcta: C). En Massachusetts, se le considerará un delincuente habitual si acumula cualquier combinación de doce violaciones de movimiento mayores o menores dentro de un período de cinco años. [Registros de Conducción; Violaciones y Sanciones de Vehículos Automotores; Capítulo 2: Manteniendo su licencia; Manual del Conductor RMV de Massachusetts]

189) Si su licencia fue suspendida por conducir con una licencia suspendida o revocada, la tasa de reintegración será:

A) $ 1.000.

B) $ 500.

C) $ 250.

D) $ 100.

Respuesta correcta: B). Si su licencia fue suspendida por conducir con licencia suspendida o revocada, la tasa de reintegración será de $ 500. [Infracciones y Suspensiones; Suspensiones de Licencias Obligatorias; Suspensión o Revocación de la Licencia; Capítulo 2: Manteniendo su licencia; Manual del Conductor RMV de Massachusetts]

190) En Massachusetts, usted será considerado un infractor habitual si acumula _____ violaciones graves de movimiento en un período de 5 años.

A) 4

B) 2

C) 3

D) 5

Respuesta correcta: C). En Massachusetts, se le considerará un delincuente habitual si se acumulan tres violaciones graves de movimiento en un período de cinco años. [Registros de Conducción; Violaciones y Sanciones de Vehículos Automotores; Capítulo 2: Manteniendo su licencia; Manual del Conductor RMV de Massachusetts]

191) Usted estará obligado a completar el Curso de Reciclaje de Conductores de Massachusetts si se acumulan:

A) 2 o más eventos facturables en su registro dentro de 5 años.

B) 3 o más eventos facturables en su registro dentro de 2 años.

C) 4 o más eventos facturables en su registro dentro de 3 años.

D) 3 o más eventos facturables en su registro dentro de 3 años.

Respuesta correcta: B). Si te condenan por 3 o más eventos que pueden cobrarse dentro de 2 años, deberás completar con éxito el Curso de Reciclaje de Conductores del estado. [Curso de Recalificación de Conductores; Violaciones y Sanciones de Vehículos Automotores; Capítulo 2: Manteniendo su licencia; Manual del Conductor RMV de Massachusetts]

192) ¿Cuál es la penalización más baja para una violación de velocidad?

A) $ 125

B) $ 50

C) $ 25

D) $ 105

Respuesta correcta: D)

193) Si un conductor de Massachusetts que posee una licencia de Operador Junior es condenado por disputas de racha por segunda vez, su licencia será suspendida por:

A) 30 días.

B) 1 año.

C) 3 años.

D) 5 años.

Respuesta correcta: C). Si un conductor de Massachusetts que posee una licencia de Operador Junior es condenado por disputas de racha por segunda vez, su licencia será suspendida por tres años. [Eventos Facturables; Violaciones y Sanciones de Vehículos Automotores; Capítulo 2: Manteniendo su licencia; Manual del Conductor RMV de Massachusetts]

194) Durante una parada de tráfico, ¿cuál de las siguientes opciones puede resultar en cargos criminales?

A) Informar a un policía quién es el propietario del vehículo

B) Decirle a un policía su nombre y dirección.

C) Firmar tu nombre delante de un policía.

D) Cualquiera de las anteriores.

Respuesta correcta: D). En una parada de tráfico, debe informar al oficial su nombre y el nombre del propietario del vehículo, firmar su nombre y proporcionar su licencia de conducir y registro. Negarse a hacer cualquier parte de esto puede resultar en cargos criminales. [Violaciones Criminales; Infracciones y Sanciones de Vehículos Automotores; Capítulo 2: Manteniendo su licencia; Manual del Conductor RMV de Massachusetts]

195) ¿Cuál de las siguientes afirmaciones es VERDADERA sobre el uso de teléfonos celulares mientras conduce en Massachusetts?

A) Los conductores menores de 18 años pueden usar dispositivos portátiles solo con fines de navegación.

B) Los conductores mayores de 18 años pueden usar sus dispositivos para mensajes de texto.

C) Los conductores mayores de 18 años pueden usar dispositivos manos libres.

D) Los conductores menores de 18 años solo pueden usar dispositivos manos libres.

Respuesta correcta: C). Los conductores menores de 18 años no pueden usar ningún dispositivo electrónico móvil por cualquier motivo mientras conducen. La única excepción es informar de una emergencia. Los conductores adultos de 18 años o más solo pueden usar dispositivos manos libres. [Uso del teléfono móvil manos libres; Capítulo 3 Seguridad en primer lugar; Manual del conductor de Massachusetts]

196) Un Operador Junior (es decir, menores de 18 años) que posea una licencia de aprendiz deberá ir siempre acompañado de un conductor con licencia de al menos 21 años durante la conducción. Por tres o más condenas por conducir sin supervisión de un adulto, la licencia del Operador Junior será suspendida por:

A) 180 días.

B) 90 días.

C) 1 año.

D) 2 años.

Respuesta correcta: C). Si un Operador Junior que posee una licencia de aprendiz es condenado por conducir sin supervisión tres o más veces, su licencia será suspendida por un año. [Suspensiones de Permisos Obligatorios; Suspensión o Revocación de la Licencia; Capítulo 2: Manteniendo su licencia; Manual del Conductor RMV de Massachusetts]

197) Por la primera infracción por disputas de racha, un Operador Junior (es decir, menores de 18 años) que posea una licencia de aprendiz perderá sus privilegios de conducir por:

A) 12 meses.

B) 30 días.

C) 60 días.

D) 24 meses.

Respuesta correcta: A). Por la primera ofensa en disputas de racha, un Operador Junior que posea una licencia de aprendiz perderá sus privilegios de conducir por un año. Además, se le requerirá para volver a tomar el examen de permiso del estudiante y completar un curso de retirada del comportamiento del conductor. También puede ser requerido para completar un curso de State Courts Against Road Rage (SCARR).

198) Si un conductor de Massachusetts que posee una licencia de Operador Junior es condenado por tres o más violaciones de las restricciones de pasajeros o dirección nocturna de la licencia, su licencia será suspendida por:

A) 6 meses.

B) 1 año.

C) 2 años.

D) 3 años.

Respuesta correcta: B). Si un conductor de Massachusetts que posee una licencia de Operador Junior es condenado por tres o más violaciones de las restricciones de pasajeros o dirección nocturna de la licencia, su licencia será suspendida por un período de un año. [Suspensiones de Permisos Obligatorios; Suspensión o Revocación de la Licencia; Capítulo 2: Manteniendo su licencia; Manual del Conductor RMV de Massachusetts]

199) ¿A quién se notificará sobre las condenas de tránsito de un Operador Junior (es decir, menor de 18 años) que posee una licencia de aprendiz?

A) Tu profesor.

B) Su padre o responsable.

C) El director de su escuela.

D) Ninguna de las alternativas.

Respuesta correcta: B). Para obtener una licencia de estudiante, un Operador Junior debe obtener el consentimiento por escrito de sus padres o tutores. Si el Operador Junior es condenado por infracción de tránsito, los padres o responsables serán notificados. [Suspensiones de Permisos Obligatorios; Suspensión o Revocación de la Licencia; Capítulo 2: Manteniendo su licencia; Manual del Conductor RMV de Massachusetts]

200) Si su licencia ha sido suspendida por una cuarta condena por operación bajo influencia (OUI), usted debe pagar una tarifa de _________ para tener su licencia restablecida.

A) $ 1.000

B) $ 1.200

C) $ 700

D) $ 500

Respuesta correcta: B). Para una suspensión de licencia por una cuarta condena OUI, usted debe pagar una cuota de $ 1.200 para tener su licencia restablecida. [Tabla de Infracciones y Suspensiones Penales; Suspensión o Revocación de la Licencia; Capítulo 2: Manteniendo su licencia; Manual del Conductor RMV de Massachusetts]

201) Se um motorista de Massachusetts é condenado por usar um dispositivo móvel portátil enquanto dirige pela segunda vez, ele:

A) Deve pagar uma multa de $250.

B) Deve completar um programa obrigatório de condução distraída.

C) Deve fazer uma das opções anteriores.

D) Deve fazer as duas opções anteriores.

Resposta correcta: D). Se você for pego usando um telefone portátil enquanto dirige, você terá que pagar uma multa de US $ 250, além de realizar a conclusão obrigatória de um programa educacional de condução distraída. [Penalidades por Violação da Lei; Capítulo 3 Segurança em primeiro lugar; Manual do Motorista de Massachusetts]

202) Si un conductor de Massachusetts de 18 años o más acumula tres o más infracciones por exceso de velocidad en un solo año, su licencia será suspendida por:

A) 90 días.

B) 120 días.

C) 60 días.

D) 30 días.

Respuesta correcta: D). Si un conductor de Massachusetts de 18 años o más acumula tres o más infracciones por exceso de velocidad en el período de un año, su licencia se suspenderá durante 30 días. Después de la finalización del período de 30 días, tendrá que pagar una cuota de $ 100 para tener la licencia restablecida. [Eventos Facturables; Violaciones y Sanciones de Vehículos Automotores; Capítulo 2: Manteniendo su licencia; Manual del Conductor RMV de Massachusetts]

203) Si un conductor de Massachusetts es encontrado culpable por más de _____ en un accidente, esto será anotado en su registro de conducir.

A) 90

B) 75

C) 25

D) 50

Respuesta correcta: D). Si un conductor de Massachusetts es encontrado culpable en más de 50 por ciento en un accidente, el accidente culpable será anotado en su registro de conducir. Los accidentes por culpa cuentan para la suspensión de la licencia. [Accidentes de Falla; Infracciones y Sanciones de Vehículos Automotores; Capítulo 2: Manteniendo su licencia; Manual del Conductor RMV de Massachusetts]

204) Un Operador Junior (es decir, menores de 18 años) que posea una licencia de aprendiz no tiene permiso para conducir sin supervisión entre 00:00 y 05:00 am. Si él o ella es condenado por tercera vez por conducir sin supervisión entre 00:00 y 5:00 am, su permiso será suspendido por:

A) 1 año.
B) 2 años.
C) 5 años.
D) 6 meses.

Respuesta correcta: A). Si un Operador Junior que posee una licencia de aprendiz es condenado por tercera vez por conducir sin supervisión entre 00:00 y 05:00 am, su licencia será suspendida por un año. [Suspensiones de Permisos Obligatorios; Suspensión o Revocación de la Licencia; Capítulo 2: Manteniendo su licencia; Manual del Conductor RMV de Massachusetts]

205) ¿Cuál es el significado de la placa con fondo rojo y letras blancas que indica «DETENER»?

A) Aviso de giro brusco a la derecha.
B) Parada obligatoria.
C) Zona peatonal.
D) Aparcamiento prohibido.

Respuesta correcta: B)

206) La señal de tráfico con una flecha verde apuntando a la derecha indica:

A) Prohibido girar a la derecha.
B) Aviso de giro brusco a la derecha.
C) Permiso para girar a la derecha.
D) Límite de velocidad a la derecha.

Respuesta correcta: C)

207) ¿Qué significa la señal de tráfico con fondo azul y letras blancas que muestra el número «55»?

A) Límite de velocidad de 55 mph.
B) Límite de velocidad urbana.
C) Límite de velocidad para camiones.
D) No se puede estacionar a 55 metros.

Respuesta correcta: A)

208) ¿Cuál es el significado de la señal de tráfico con una «X» roja sobre un fondo blanco?

A) Aviso de área escolar.
B) Parada obligatoria.
C) Pista cerrada.
D) Prohibido pasar.

Respuesta correcta: D)

209) La señal de tráfico con una "X" negra sobre un fondo blanco indica:

A) Zona peatonal.
B) Peligro por delante.
C) Paso para vehículos grandes.
D) Límite de velocidad.

Respuesta correcta: B)

210) ¿Cuál es el significado de la señal de tráfico con fondo amarillo y símbolo de un niño en negro?

A) Aviso de zona escolar.
B) Zona peatonal.
C) Parada obligatoria.
D) Límite de velocidad.

Respuesta correcta: B)

211) ¿Qué significa la señal de tráfico con una «X» roja sobre un fondo blanco y la inscripción «NO TURN»?

A) Prohibido girar a la izquierda.
B) Prohibido girar a la derecha.
C) Prohibición de hacer conversión en "U".
D) Prohibición de hacer cualquier tipo de conversión.

Respuesta correcta: A)

212) ¿Cuál es el significado de la señal de tráfico con fondo amarillo y símbolo de una bicicleta en negro?

A) Aviso de zona compartida con ciclistas.
B) Zona de aparcamiento para bicicletas.
C) Prohibición del tráfico de bicicletas.
D) Acceso exclusivo para bicicletas.

Respuesta correcta: A)

213) La señal de tráfico con la mano levantada en negro indica:

A) Zona peatonal.
B) Prohibido aparcar.
C) Pista exclusiva para peatones.
D) Paso de peatones adelante.

Respuesta correcta: C)

214) ¿Qué significa la placa de tráfico con fondo blanco y símbolo de un camión en negro?

A) Área de estacionamiento para camiones.
B) Ruta de camiones.
C) Prohibido el tráfico de camiones.
D) Pista exclusiva para camiones.

Respuesta correcta: B)

215) ¿Cuál es la pena por conducir sin licencia en Massachusetts?

A) Una multa de $100.
B) Una multa de $500.
C) Una multa de mil dólares.
D) Multa de $2.000.

Respuesta correcta: B)

216) ¿Cuáles son las consecuencias legales por conducir sin cartera en Massachusetts?

A) Incautación del vehículo.
B) Suspensión del derecho a conducir.
C) Detención inmediata.
D) Todas las opciones anteriores son correctas.

Respuesta correcta: D)

217) En Massachusetts, ¿está permitido conducir con una licencia de conducir extranjera válida?

A) Sí, siempre que vaya acompañada de una traducción oficial.
B) Sí, sin necesidad de traducción oficial.
C) No, es obligatorio obtener una licencia de conducir de Massachusetts.
D) Solo si la licencia de conducir extranjera es de un país específico.

Respuesta correcta: A)

218) ¿Cuáles son las implicaciones de conducir sin cartera como inmigrante en Massachusetts?

A) Riesgo de deportación.
B) Dificultad para obtener la licencia de conducir en el futuro.
C) Restricciones de empleo.
D) Todas las opciones anteriores son correctas.

Respuesta correcta: D)

219) ¿Cuánto tiempo puede prolongar una persona que conduce sin cartera en Massachusetts?

A) Hasta 30 días.
B) Hasta 6 meses.
C) Hasta un año.
D) Hasta 2 años.

Respuesta correcta: C)

220) ¿Conducir sin cartera es considerado un delito civil o criminal en Massachusetts?

A) Infracción civil.
B) Infracción penal.
C) Ambas, dependiendo de la situación.
D) Ninguna de las opciones anteriores.

Respuesta correcta: C)

221) ¿Qué documentos se requieren para obtener la licencia de conducir en Massachusetts?

A) Comprobante de residencia y comprobante de seguro de coche.
B) Certificado de nacimiento y identificación.
C) Pasaporte y Seguridad Social.
D) Todas las opciones anteriores son correctas.

Respuesta correcta: D)

222) ¿Cuál es la edad mínima para obtener la licencia de conducir en Massachusetts?

A) 16 años.
B) 17 años.
C) 18 años.
D) 21 años.

Respuesta correcta: A)

223) ¿Cuál es el límite legal de álcool no sangue para dirigir em Massachusetts?

A) 0,02%.
B) 0,05%.
C) 0,08%.
D) 0,10%.

Resposta correta: C)

224) ¿El consumo de alcohol solo afecta la capacidad de conducir?

A) Sí, solo la capacidad de conducir un vehículo se ve afectada.

B) No, el consumo de alcohol también afecta la toma de decisiones y los reflejos.

C) No, el consumo de alcohol no tiene efectos negativos en la dirección.

D) No, el consumo de alcohol solo afecta la percepción visual.

Respuesta correcta: B)

225) ¿Conducir bajo la influencia del alcohol se considera una infracción civil o penal en Massachusetts?

A) Infracción civil.

B) Infracción penal.

C) Ambas, dependiendo de la situación.

D) Ninguna de las opciones anteriores.

Respuesta correcta: B)

226) ¿Cuáles son las posibles consecuencias de ser atrapado conduciendo ebrio en Massachusetts?

A) Multa y suspensión del derecho a conducir.

B) Arresto y pérdida permanente de licencia de conducir.

C) Programa de rehabilitación y clases de conducción segura.

D) Todas las opciones anteriores son correctas.

Respuesta correcta: D).

227) ¿Es seguro consumir una pequeña cantidad de alcohol antes de conducir?

A) Sí, mientras esté por debajo del límite legal.

B) No, cualquier cantidad de alcohol puede afectar negativamente a la dirección.

C) Depende de la tolerancia de cada persona.

D) Sólo si es una bebida baja en alcohol.

Respuesta correcta: B)

228) ¿Cuáles son los efectos de las drogas sobre el rendimiento al volante?

A) Mejora la concentración y los reflejos.

B) Disminuye la somnolencia durante la conducción.

C) Perjudica la coordinación motora y la capacidad de reacción.

D) No tiene efectos significativos en la dirección.

Respuesta correcta: C)

229) ¿Cuáles son las consecuencias legales de conducir bajo los efectos de las drogas en Massachusetts?

A) Sólo una advertencia por escrito.

B) Multa y suspensión del derecho a conducir.

C) Arresto y pérdida permanente de licencia de conducir.

D) Programa de rehabilitación y clases de conducción segura.

Respuesta correcta: B)

230) ¿Cuál es la mejor manera de evitar los riesgos de conducir bajo los efectos de las drogas?

A) Tomar café o bebidas energéticas para mantenerse alerta.

B) Utilizar métodos alternativos de transporte.

C) Consumir alcohol para equilibrar los efectos de las drogas.

D) Ninguna de las opciones anteriores.

Respuesta correcta: B)

REGULACIÓN

En todos lados

Preferiblemente

No entrar

Prohibido girar a la derecha

Prohibido girar a la izquierda

Prohibido eludir

No Bicicletas

Camión prohibido

Prohibido para peatones

Calle cerrada

Tienes que girar a la izquierda

Carril izquierdo tiene
si se gira a la izquierda

No pasar

Prohibido aparcar
durante el tiempo indicado

Circulación sólo en el sentido de la flecha

Manténgase a la
derecha de la valla divisoria

ADVERTENCIA

Zona escolar

Cruce escolar

Cruce peatonal

Firmar por delante

Pare a continuación

Intercesión circular

Unión de pistas, tenga en cuenta

Paso de peatones adelante

Estrechamiento de la carretera

 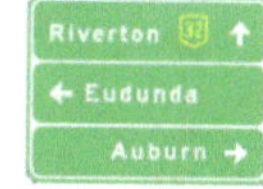   

Patio de juegos | El tráfico fluye en ambos sentidos | El sitio de construcción comienza | Divisor Termina el sitio de construcción | Divisor de tránsito de 2 manos | Pista resbaladiza

Cruce de ciervos | Camino ventoso | Cruzando adelante | La carretera termina en el cruce | Iniciar camino a la izquierda | Ferrocarril

Vuelta a la derecha | Camino gira a la derecha | Pista añadida al frente | Altura máxima permitida | Terreno junto a la carretera | No cruces la línea amarilla

GUIAS Y DIRECCIONES

Indicador de ruta Interestatal | Marcador de ruta estatal | Cruce de ruta por delante | Indicadores de millas | Señal de intercambio de carril

Distancia de destino en millas | Destino o direccion | Aviso de salida de carretera, en millas | Estacionamiento

Ruta para ciclistas

Mass. departamento de transporte para ciclistas

Peaje electronico

Acceso en silla de ruedas

Punto de interés

Servicios de carretera para el conductor capacitado

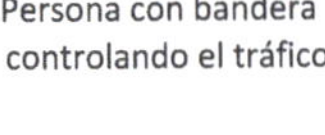

Área de pícnic

Zona de descanso

Hospital

Gasolina

Restaurante

Alojamiento

Teléfono

TRABAJO EN LA CARRETERA

Funciona a 500 pies

Desviación a 1000 y 500 pies

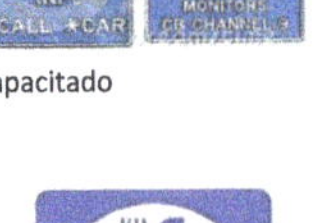

Funciona a un lado de la carretera

Mantenimiento de los servicios públicos por delante

Persona con bandera controlando el tráfico

Desvío

Aviso

Pagarás el doble si estás por encima de la velocidad

Señal direccional iluminada

Barricada

Tambor

Persona al mando del tráfico

Cono

Tubo

Es importante resaltar que este libro no garantiza automáticamente la aprobación en la prueba teórica. Su éxito dependerá de su compromiso, dedicación y estudio activo. El material aquí presente es un recurso valioso para ayudarle en su preparación, proporcionando cuestiones relevantes e información fundamental. Sin embargo, es fundamental que usted se comprometa, estudie con consistencia y haga uso adecuado de este material para obtener los mejores resultados. La obtención de la licencia de conducir requiere esfuerzo personal y comprensión plena de las leyes de tránsito. Estamos aquí para guiarte en este viaje, pero el verdadero éxito depende de ti.

Gracias sinceramente por confiar en nuestro libro de preparación para la prueba teórica de conductor en Massachusetts. Su decisión de adquirirlo demuestra su compromiso de prepararse adecuadamente. Esperamos que este material sea de gran ayuda en su viaje de estudios y que lo conduzca al éxito en la prueba. Estamos aquí para apoyarle en su búsqueda de ganar la licencia de conducir. ¡Buena suerte!

**Acompáñenos
por Instagram:**

Editora Felix

(51) 98139-9010

editorafelix@gmail.com

www.editorafelix.com.br

Editora Felix

@editorafelix

www.ingramcontent.com/pod-product-compliance
Lightning Source LLC
Chambersburg PA
CBHW070543160726

48003CB00005B/1869